Erste Hilfe für meinen Hund

Sie sind mit Ihrem Hund unterwegs und er wird in einen Unfall verwickelt oder verletzt sich anderweitig. Oder Sie kommen zu einem Unfall, bei dem ein Hund verletzt wurde. Oder Ihr Hund hat andere Probleme wie etwa einen Sonnenstich. Was in solch einer Notsituation zu tun ist, und wie Sie sich verhalten müssen, erfahren Sie in diesem Buch.

Inhalt

ERSTE HILFE – WAS BEDEUTET DAS?

Was ist ein Notfall?	5
Verhalten im Notfall	6
Den Hund untersuchen	8
Tierärztliche Hilfe	8

PRAXIS: DIE WICHTIGSTEN MEDIKAMENTE FÜR HUNDE — 10

Körperwerte feststellen	12
Fieber messen	13
Den Puls feststellen	13
Die Herzfrequenz feststellen	13
Die Atmung kontrollieren	14
Die Durchblutung feststellen	14
Reflexe kontrollieren	15

NOTFÄLLE, DIE LEBENSBEDROHLICH FÜR DEN HUND SIND

Das ABC der Ersten Hilfe	17
Atemwege frei machen	17
Beatmung	18
Circulation (Kreislauf)	20
Schock	21
Todeszeichen | Starke Blutungen versorgen	22
Eine Blutung abdrücken | Druckverband anlegen	22
Eine Wunde abbinden	23
Verbände anlegen | Den Verband schützen	25
Transport des verletzten Hundes	26
Hinweise zur Lagerung	27

TEST: GRUNDSÄTZLICHES ZU ALLEN NOTFÄLLEN — 28

RICHTIG HANDELN BEI NOTFÄLLEN DES HUNDES

Notfälle von A – Z | Allergien	31
Augenverletzungen | Bisswunden	32
Erfrierungen/Unterkühlung	33
Ertrinken | Fieber | Fremdkörper	35
Hitzschlag/Sonnenstich	36
Insektenstiche	36
Knochenbruch	38
Krallenverletzungen	39
Krampfanfälle/Epilepsie	39
Magendrehung | Ohrverletzung	40
Penisvorfall	40
Schlangenbiss	41
Stromschlag | Verbrennungen	43
Verletzungen an Beinen und Schwanz	43
Verletzungen an Brust und Bauch	44
Vergiftungen	45

ANHANG
Register	46
Adressen	47
Impressum	48

TIPPS & INFOS
Interessante Tipps und Infos auf den **Seiten 6, 7, 8, 13, 18, 20, 21, 22, 25, 26, 32, 35, 36, 39, 40, 43 und 45**

Grundlagen:
Erste Hilfe –
was bedeutet das?

Unter Erste-Hilfe-Maßnahmen versteht man alle Handlungen, die im Notfall das Leben Ihres Hundes retten und seinen Zustand stabilisieren, bis er von einem Tierarzt versorgt wird. In diesem Kapitel finden Sie alle wichtigen Grundlagen zur Beurteilung eines Notfalls, um richtig reagieren zu können.

Was ist ein Notfall?

Echte Notfälle sind alle Vorfälle, die entweder sofort oder in kürzerer Zeit lebensbedrohlich für Ihren Hund werden können. Es gibt verschiedene Gefährdungsstufen:

▶ Ihr Hund braucht auf der Stelle möglichst professionelle Hilfe, sonst wird er in Kürze sterben. Das ist der Fall bei einem Schock, bei Atem- oder Herzstillstand, bei Brustkorb- und Bauchverletzungen, starken arteriellen Blutungen, Verlegung der Atemwege, Vergiftungen oder bei Bewusstlosigkeit.

▶ Ihr Hund braucht so schnell wie möglich professionelle Hilfe, sonst wird er sterben. Dazu gehören beginnender Schock mit einer Rekapillarisation von zwei Sekunden (→ Seite 14), starke Blutungen, die Sie mit einem Druckverband zunächst stoppen können, Knochenbrüche, großflächige Wunden, Augenverletzungen, schwere Verbrennungen oder Erfrierungen, Krampfanfälle, die nicht aufhören, Vergiftungen sowie Verschlucken von Gegenständen.

▶ Sie müssen am gleichen oder spätestens am nächsten Tag zum Tierarzt, da sonst Folgeschäden wie Infektionen eintreten können. Beispiele sind kleinere Verletzungen, Bissverletzungen oder Krampfanfälle, die von selbst nach kurzer Zeit aufhören.

Verhalten im Notfall

Bei einem Notfall kommt es auf jede Minute an. Damit Sie in einer solchen Situation nicht unnötig Zeit vergeuden, sollten Sie folgende Punkte beachten:

➤ Machen Sie sich mit den wichtigsten Körperfunktionen schon vertraut, wenn noch gar nichts passiert ist. Dazu gehören den Puls und das Herz abtasten (→ Seite 13), die Atmung und die Schleimhäute beobachten (Rekapillarisation, → Seite 14) sowie Fieber messen (→ Seite 13).

➤ Üben Sie in Normalzeiten, wie Sie einen Verband anlegen. Am besten lernt man dies in einem Erste-Hilfe-Kurs. Diese werden häufig von Tierarztpraxen, Hundeschulen, Volkshochschulen oder auch Hilfsorganisationen wie DRK, ASB oder THW angeboten.

➤ Halten Sie eine gut sortierte Hausapotheke bereit (→ Seite 10/11).

➤ Notieren Sie sich wichtige Telefonnummern (→ Tipp, Seite 7). Am besten speichern Sie die Nummern sowohl im Handy (für unterwegs!) als auch im Festnetztelefon.

Wichtige Schritte bei einem Notfall

Ruhe bewahren: Dies ist bei einem Notfall ganz wichtig, denn Ihre Stimmung überträgt sich auf den Hund. Versuchen Sie nicht zu weinen, ängstlich, aufgeregt oder unsicher zu sein, da dieses Verhalten den Hund weiter verunsichern würde. Dies kann eine eventuell nötige Untersuchung erschweren.

Überblick verschaffen: Klären Sie möglichst schnell, was passiert ist und ob Sie weitere Hilfe brauchen. Müssen Sie die Unfallstelle absichern? Denken Sie auch an Ihre eigene Sicherheit. Ein verletzter, eventuell verwirrter Hund mit starken Schmerzen kann unverhofft zubeißen – das gilt auch für Ihren eigenen Hund.

INFO
VERHALTEN BEI VERKEHRSUNFÄLLEN

Wichtig: Ruhe bewahren und überlegt handeln!

➤ Zunächst muss die Unfallstelle gesichert werden. Vergessen Sie nicht, die Warnweste anzuziehen.

➤ Menschen gehen vor! Alarmieren Sie daher, falls nötig, zunächst den Rettungsdienst und die Polizei über den Notruf.

➤ Danach versorgen Sie den Hund (→ Seite 17–27) und rufen beim Tierarzt an (→ Seite 9).

➤ Sind zusätzliche Helfer vorhanden, versuchen Sie, die Aufgaben zu verteilen, damit möglichst schnell Hilfe geleistet werden kann.

Verhalten im Notfall

> Wird Ihr Hund von einem Auto angefahren, versuchen Sie Ruhe zu bewahren. Sichern Sie zunächst die Unfallstelle. Dann nähern Sie sich dem Hund und beobachten ihn dabei. Wenn möglich, sichern Sie auch ihn, etwa mit einer Leine. Untersuchen Sie dann den Hund, falls nötig, nach dem ABC-Schema.

TIPP
NOTFALL-NUMMERN

➤ **Ihr Haustierarzt**
➤ **die nächste Tierklinik mit** 24-Stunden-Notdienst
➤ **Taxigesellschaften, die Hunde** transportieren
➤ **Tierrettung, wenn vorhanden**
➤ **das nächstgelegene Tierheim**
➤ **Polizei (110), Feuerwehr (112)**

Sich dem Hund nähern: Gehen Sie langsam auf den Hund zu und sprechen Sie dabei beruhigend auf ihn ein. Blicken Sie ihm nicht direkt in die Augen, insbesondere wenn es ein fremder Hund ist. Beugen Sie sich nicht über ihn. Beides kann auf ihn aggressiv wirken und daher die weiteren Maßnahmen behindern oder gar unmöglich machen.

Den Hund beobachten: Während Sie sich nähern, beobachten Sie, was der Hund tut.
➤ Wirkt er apathisch, hat er eventuell einen Schock. Wie Sie in diesem Fall vorgehen, lesen Sie ab Seite 21.

➤ Gibt es Anzeichen für Aggressivität wie Knurren oder Bellen, oder hat der Hund Schmerzen, was Sie an Jaulen, Wimmern oder Zittern erkennen? Dann müssen Sie an Ihren eigenen Schutz denken, bevor Sie den Hund berühren. Ziehen Sie Handschuhe an und versuchen Sie ihm dann als Nächstes einen Maulkorb aufzusetzen (→ Foto 2, Seite 9). Alternativ dazu legen Sie ihm ein Schnauzenband an (→ Info, Seite 8).
Achtung: Das Maul darf nicht zugebunden werden, wenn der Hund erbricht, bewusstlos ist oder Atembeschwerden hat, weil er sonst ersticken könnte.

- Wenn möglich, leinen Sie den Hund an, damit er nicht weglaufen kann.
- Beobachten Sie den Brustkorb, ob und wie der Hund atmet (schnell, langsam, oberflächlich, tief → Seite 14).

Den Hund untersuchen

Ist der Hund friedlich, können Sie versuchen ihn vorsichtig anzufassen. Selbst wenn er dies zulässt, müssen Sie aber immer mit Abwehrbewegungen und Schnappen rechnen, falls Sie eine schmerzhafte Stelle berühren.
- Reagiert der Hund nicht auf Ihre Berührung, könnte er bewusstlos sein. In diesem Fall atmet er zwar, ist aber nicht ansprechbar und reagiert auch nicht auf Klatschen bzw. auf Kneifen in Ohren oder Zehen. Er muss sofort zum Tierarzt.
- Reagiert der Hund nicht und atmet er auch nicht, müssen Sie ihn künstlich beatmen (→ Seite 18) und gegebenenfalls eine Herzmassage durchführen (→ Seite 20).
- Solange Reflexe (→ Seite 15) auslösbar sind, sollten Sie immer eine Wiederbelebung des Hundes versuchen.
- Wie Sie erkennen, ob der Hund tot ist, lesen Sie auf Seite 22.
- Kann sich der Hund trotz des Unfalls bewegen, dann sind Schonhaltungen (er benutzt zum Beispiel ein Bein nicht) oder Blutungen ein erster Hinweis auf ein Problem. Ein verklebtes Fell kann auf eine Verletzung hindeuten.

Finden Sie keine äußeren Verletzungen, denken Sie daran, dass auch ein Schock oder innere Blutungen lebensbedrohlich sein können und Symptome erst nach einigen Stunden auftreten können. Beobachten Sie daher weiterhin Atmung, Farbe der Schleimhäute, Herzfrequenz und Puls.

Tierärztliche Hilfe

Bei allen Verletzungen mit Blutungen sollten Sie nach Ihren Erstmaßnahmen den Tierarzt aufsuchen. Viele Verletzungen heilen besser, wenn sie genäht oder geklammert werden. Insbesondere Schürf- und Bisswunden können sich leicht entzünden und benötigen dann eine antibiotische Therapie. Je früher diese einsetzt, desto kürzer ist meist die

INFO
SCHNAUZENBAND ANLEGEN

Damit verhindern Sie, dass der Hund schnappt oder beißt. Sie benötigen etwa einen Meter Binde oder ein anderes kräftiges Material wie ein Seil. Legen Sie zuerst eine Schlinge um die Schnauze und machen einen einfachen Knoten oben auf der Nase. Führen Sie dann die Enden um den Unterkiefer, überkreuzen Sie diese dort und führen sie hinter die Ohren. Machen Sie dort eine Schleife. Ziehen Sie das Band immer straff an.

Verhalten im Notfall

1 Reagiert Ihr Hund nach einem Unfall aggressiv, müssen Sie sich selbst schützen. Haben Sie keinen Maulkorb zur Hand, legen Sie dem Hund ein Schnauzenband an.
2 Dieser Maulkorb schützt Sie zuverlässig vor Bissen. Der Hund kann trotzdem atmen und hecheln. Setzen Sie keinen Maulkorb auf, wenn der Hund erbricht, bewusstlos ist oder Atembeschwerden hat. Üben Sie das Aufsetzen mit dem gesunden Hund.

Behandlungsdauer und desto schneller die Heilung der Wunde.
Ist der Hund so stark verletzt, dass Sie ihn sofort zum Tierarzt bringen müssen, sollten Sie stets in der Tierarztpraxis anrufen, bevor Sie losfahren.

➤ Sie können dadurch feststellen, ob die Praxis besetzt ist, und verlieren gegebenenfalls keine wertvolle Zeit mit unnötigem Herumfahren.
➤ Sie können den Tierarzt nach weiteren nötigen Sofortmaßnahmen fragen.
➤ Das Personal kann sich organisatorisch auf den Notfall einstellen.
➤ Ist die benachrichtigte Praxis nicht für den aktuellen Notfall eingerichtet, können Sie sofort in eine dafür ausgerüstete Tierklinik fahren.

An Wochenenden und nachts rufen Sie am besten Ihren Haustierarzt an. Sein Anrufbeantworter verrät Ihnen meist die nächste diensthabende Praxis oder Tierklinik, falls er selbst nicht anwesend ist. In der örtlichen Tageszeitung finden Sie außerdem meist auch den tierärztlichen Notdienst. Auch den tierärztlichen Notdienst rufen Sie aus den vorgenannten Gründen besser an, bevor Sie losfahren.

Die wichtigsten Medikamente für Hunde

IMMER GUT GERÜSTET

Eine gut sortierte Hausapotheke für Ihren Hund ist immer sinnvoll, auch wenn man nur eine Zecke entfernen oder Fieber messen will, da dann alles zusammen griffbereit liegt. Im Notfall kann es durchaus lebensrettend sein, wenn Sie nicht alles Notwendige erst suchen müssen.

Das gehört in die Hausapotheke

➤ Buch über Notfallmaßnahmen, in dem Sie die Normalwerte (→ Seite 12) und andere wichtige Seiten markiert haben
➤ Verbandsmaterial wie Mulltupfer, sterile Kompressen, Mullbinde, elastische Binde (ca. 5–10 cm breit), selbsthaftende Binden, Pflaster
➤ Einmalhandschuhe
➤ Maulkorb
➤ Fieberthermometer, am besten digital
➤ Wunddesinfektionsmittel (vom Tierarzt)
➤ Händedesinfektion
➤ Einmalspritzen zum Eingeben von Medikamenten, immer ohne Kanüle
➤ Schere, Pinzette
➤ Taschenlampe
➤ Kühlakkus, Coolpack
➤ Garten- oder Lederhandschuhe gegen Bisse
➤ Halskragen
➤ alte, saubere Socken als Pfotenschutz oder passender Hundeschuh
➤ sauberes, dünnes Tuch zur künstlichen Beatmung
➤ Zeckenzange, Krallenschere, Flohkamm
➤ alte saubere Decke

Das gehört in die Hausapotheke

Tabletten wickeln Sie am besten in etwas Futter, Käse oder Streichwurst. Diesen Happen legen Sie dann nicht zu weit hinten auf den Zungengrund. Schließen Sie das Maul und umfassen es so lange mit der Hand, bis der Hund geschluckt hat.

Viele Medikamente können Sie auflösen und dann mit einer Spritze ohne Nadel in die Lefze oder direkt ins Maul geben. Achten Sie darauf, dass der Hund schluckt. Zur Anregung des Schluckvorgangs können Sie leicht die Kehle streicheln.

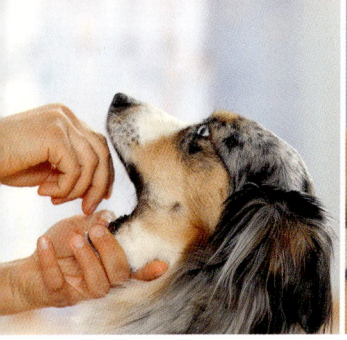

Apotheke für unterwegs

Gehen Sie mit dem Hund Gassi, sollten Sie mehrere elastische Binden einstecken. Hiermit können Sie bei Bedarf ein Schnauzenband anlegen, Verbände fertigen, Blutungen stillen, ein Bein abbinden (→ Seite 23) oder die Binde als Leinenersatz benutzen. Im Auto sollten Sie neben dem Autoverbandskasten Maulkorb, Taschenlampe, Handschuhe, Zeckenzange, Hundeschuhe, Socken, Desinfektionsmittel für Mensch und Hund, Einmalhandschuhe, 1 Spritze zu 2 oder 5 ml und eine Decke mitnehmen. Auch hier sind ein Erste-Hilfe-Buch oder Kopien daraus sinnvoll. Überprüfen Sie die Apotheke regelmäßig auf Haltbarkeit und Vollständigkeit.

Notfall-Medikamente

Die Hausapotheke sollte sich immer an der gleichen Stelle an einem gut zugänglichen Platz befinden. Neben den in der Liste links genannten Utensilien sollte die Hausapotheke auch folgende Medikamente enthalten:
✔ Wund- und Heilsalbe wie z. B. Panthenolsalbe
✔ Traumeel® bei Verletzungen
✔ Arnica C30 gegen Schock (zur Dosierung → Seite 21)
✔ Notfalltropfen (Rescue Remedy, Bach-Blüten) gegen Schock oder Panik (zur Dosierung → Seite 21)
✔ Augentropfen gegen Reizzustände (z. B. Euphrasia-Augentropfen)
✔ Augenspülung vom Tierarzt
✔ Traubenzucker
✔ Kalziumampulle
✔ Medikamente, die der Hund ständig oder häufig benötigt (fragen Sie Ihren Tierarzt)
Achtung: Geben Sie dem Hund keine Medikamente, die für Menschen bestimmt sind (→ Seite 36).

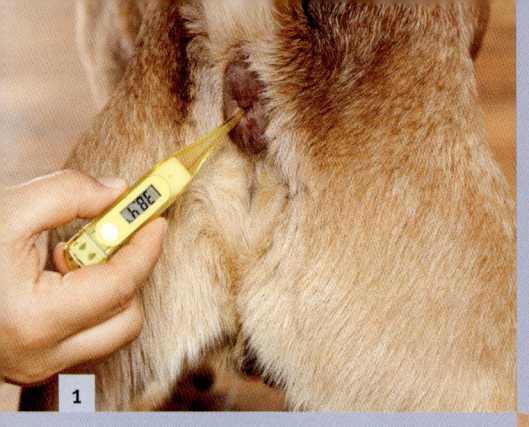

3 Je nach Größe des Tieres legen Sie zwei Finger oder alle Fingerspitzen einer Hand locker möglichst weit oben zum Rumpf hin auf die Innenseite des Oberschenkels. Zählen Sie die Pulsschläge innerhalb eines Zeitraums von 15 Sekunden und multiplizieren Sie den ermittelten Wert mit vier, um den Minutenwert zu erhalten.

1 Fetten Sie das Thermometer mit Öl oder Creme ein, damit es besser in den After rutscht. Warten Sie, bis die Temperatur nicht mehr steigt. Lesen Sie den Wert ab.
2 Legen Sie Ihre Hand leicht auf den Brustkorb und zählen Sie die Herzschläge innerhalb von 15 Sekunden. Den Wert multiplizieren Sie mit vier, um die Anzahl der Herzschläge pro Minute zu errechnen.

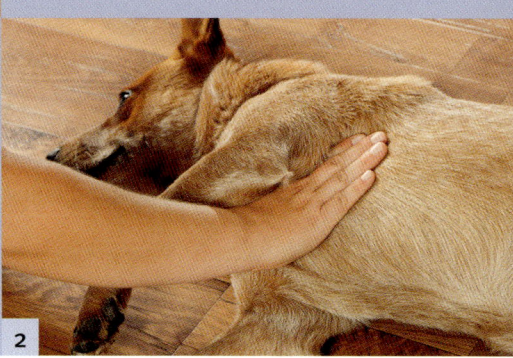

Körperwerte
feststellen

Unter Körperwerten versteht man Atemfrequenz, Körpertemperatur, Herz- und Pulsfrequenz. Sie haben bei einem gesunden Hund unter ähnlichen Bedingungen immer etwa den gleichen Wert.

Normalwerte des Hundes

Weichen die Körperwerte Ihres Hundes von den Normalwerten ab, kann dies ein erster Hinweis sein, dass Ihr Hund krank ist. Um solche Abweichungen erkennen zu können, sollten Sie schon vorab einmal an Ihrem gesunden Hund die Körperwerte gemessen und diese notiert haben. Im Notfall haben Sie dann die Normalwerte schnell zur Hand. In der Info rechts finden Sie die Normalwerte in Abhängigkeit von der Größe des Hundes. Bedenken Sie aber, dass es sich hierbei um Durchschnittswerte handelt. Daher messen Sie ab und zu die Werte Ihres Hundes. Sie bekommen dadurch Übung, und der Hund gewöhnt sich daran. Belohnen Sie ihn mit einem Leckerchen. Sie können diese Maßnahmen auch mit einem Befehl verknüpfen.

Körperwerte feststellen

3

Fieber messen

Die Körperinnentemperatur messen Sie am besten im After. Verwenden Sie dafür ein digitales Fieberthermometer, weil der Messvorgang schneller abgeschlossen ist. Wie Sie Fieber messen, ersehen Sie aus Foto 1. Vergleichen Sie den Wert mit den Normalwerten in der Info unten.

INFO
NORMALWERTE BEI HUNDEN

➤ **Körpertemperatur**
bis 15 kg: 38,6–39,4 °C
von 15–45 kg: 38,2–39,2 °C
über 45 kg: 37,5–39,2 °C

➤ **Puls**
bis 15 kg: 90–160 Schläge/Min.
von 15–45 kg:
80–130 Schläge/Min.
über 45 kg: 70–100 Schläge/Min.

➤ **Atemfrequenz**
alle Größenklassen:
10–30 Atemzüge/Min.

Das sagt der Wert aus: Ist er erhöht, kann der Hund zum Beispiel Fieber oder einen Hitzschlag haben. Ein erniedrigter Wert könnte etwa auf eine Unterkühlung oder einen Schock hinweisen.

Den Puls feststellen

Den Puls messen Sie üblicherweise an der Oberschenkelarterie des auf der Seite liegenden Hundes. Er sollte das Bein, an dem Sie messen, leicht gebeugt halten. Wie Sie den Puls messen, ersehen Sie aus Foto 3. Vergleichen Sie den Wert mit den Normalwerten in der Info links.
Das sagt der Wert aus: Normal ist ein kräftiger, leicht unregelmäßiger (entsprechend der Herzfrequenz) Pulsschlag. Ist er schneller, könnte der Hund zum Beispiel Fieber haben; ist er schneller und zugleich schwach oder kaum spürbar, weist dies eventuell auf einen Schock hin. Ein nicht fühlbarer Puls kann bedeuten, dass das entsprechende Bein nicht durchblutet wird.
Hinweis: Ist der Puls sehr schwach oder nicht fühlbar, können Sie stattdessen auch die Herzfrequenz messen. In den meisten Fällen entspricht sie der Pulsfrequenz.

Die Herzfrequenz feststellen

Den Herzschlag spüren Sie auf der linken Brustseite des Hundes kurz hinter dem Ellbogen (→ Foto 2). Dazu sollte der Hund auf seiner rechten Seite liegen. Vergleichen Sie

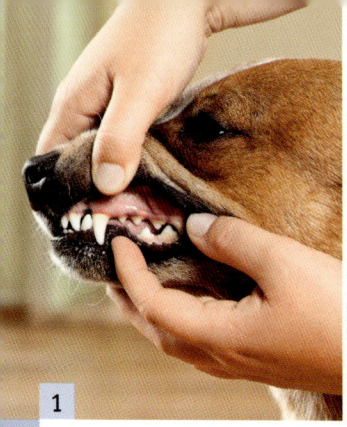 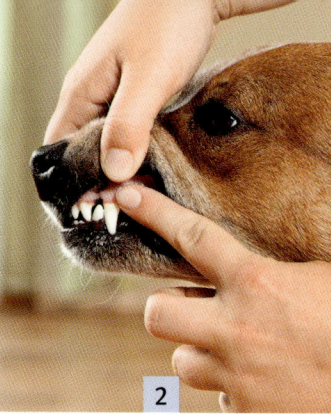 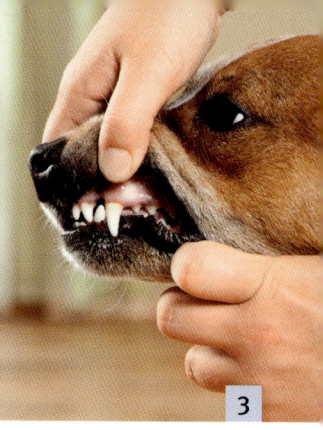

1 2 3

den Wert mit den Normalwerten in der Info auf Seite 13.
Das sagt der Wert aus: Ist die Herzfrequenz erhöht, hat der Hund zum Beispiel einen Schock; ist sie erniedrigt, hat er eventuell ein Herzproblem. Können Sie keinen Herzschlag fühlen, ist der Hund vielleicht bereits tot (→ Seite 22). Sind aber noch Reflexe vorhanden, beginnen Sie in jedem Fall mit einer Herzmassage (→ Seite 20).

Die Atmung kontrollieren

Die Atmung überprüfen Sie über die Bewegung des Brustkorbs. Zusätzlich können Sie Ihre Hand oder ein Blatt Papier vor die Nase des Hundes halten. Sie fühlen dann die Atemzüge auf der Hand, oder das Papier bewegt sich leicht. Einmal ein- und ausatmen bedeutet einen Atemzug.
So gehen Sie vor: Zählen Sie die Atemzüge über einen Zeitraum von 15 Sekunden und multiplizieren Sie diesen Wert mit vier, um die Anzahl der Atemzüge pro Minute zu erhalten. Vergleichen Sie den Wert mit den Normalwerten in der Info auf Seite 13. Beobachten Sie gleichzeitig auch die Tiefe der Atemzüge.
Das sagt der Wert aus: Eine tiefe, ruhige Atmung ist normal. Flache, schnelle, auch unregelmäßige Atemzüge weisen auf ein Problem in der Lunge, auf Schmerzen, Aufregung oder Schock hin. Atmet der Hund nicht, ist er eventuell tot (→ Seite 22). Wenn das Herz aber noch schlägt, beginnen Sie mit der Beatmung (→ Seite 18).

Die Durchblutung feststellen

Den Zustand des Kreislaufs kann man nicht nur über die Puls- und Herzfrequenzmessung, sondern auch über die sogenannte Rekapillarisationszeit feststellen, das heißt über die Zeit, die verstreicht, bis sich die Schleimhaut wieder mit Blut gefüllt hat. Hierzu sollten Sie sich zunächst mit der normalen Schleimhautfarbe im Maul Ihres Hundes vertraut machen. Normalerweise ist sie rosa, bei hellhaarigen Hunden häufig etwas heller als bei dunkelhaarigen. Zum

Körperwerte feststellen

1 *Zur Bestimmung der Rekapillarisationszeit ziehen Sie die obere Lefze hoch. Das Maul bleibt geschlossen. Bei stabilem Kreislauf ist die Schleimhautfarbe rosa.*

2 *Drücken Sie nun fest auf die Schleimhaut oberhalb des Eckzahns. Sie wird dadurch unter Ihrem Finger heller.*

3 *Lassen Sie nach 2 Sekunden los. Beobachten Sie, wie lang es dauert, bis die Schleimhaut wieder normal gefärbt ist.*

Betrachten der Maulschleimhaut reicht es, die Lefzen hochzuziehen.
So gehen Sie vor: Um die Rekapillarisationszeit zu bestimmen, drücken Sie mit einem Finger auf die Schleimhaut oberhalb des Eckzahns oder der ersten Backenzähne. Nach zwei bis drei Sekunden nehmen Sie den Finger weg und beobachten, wie lange es dauert, bis die jetzt hellere Schleimhaut wieder ihre normale rosa Farbe angenommen hat.
Das sagt der Wert aus: Dauert dies länger als 2 Sekunden, kann ein Kreislaufproblem oder ein Schock vorliegen. Sind die Schleimhäute insgesamt heller als normal, kann dies ebenfalls auf einen Schock oder ein Herz-Kreislauf-Problem hinweisen. Aber auch innere Blutungen, Blutarmut infolge anderer Ursachen wie Vergiftungen oder Infektionen können zu hellen Schleimhäuten führen. Eher bläuliche Schleimhäute deuten auf eine Unterversorgung mit Sauerstoff hin, etwa durch ein Herzproblem.

Reflexe kontrollieren

Reflexe sind unwillkürliche Bewegungen, die der Hund willentlich nicht steuern kann. Folgende Reflexe können Sie auslösen und so feststellen, ob der Hund noch lebt.
Hornhaut- und Lidreflex am Auge: Wenn Sie mit Ihrer Fingerspitze die Hornhaut bzw. die Augenlider berühren, sollten sich die Augenlider schließen, um das Auge zu schützen.
Pupillarreflex: Halten Sie das Auge kurz zu, damit sich die Pupille weitet. Dann leuchten Sie mit einer Lichtquelle (Taschenlampe) direkt ins Auge. Die Pupille wird kleiner. Bemerken Sie, dass eine Pupille größer ist als die andere oder dass sich die Pupillen beim Anleuchten unterschiedlich verkleinern, hat der Hund wahrscheinlich eine Verletzung im Bereich des Halses.
Zwischenzehenreflex: Kneifen Sie den Hund in die Haut zwischen den Zehen. Daraufhin sollte das Bein zucken, besser ist es, wenn der Hund das Bein dabei auch etwas anzieht.

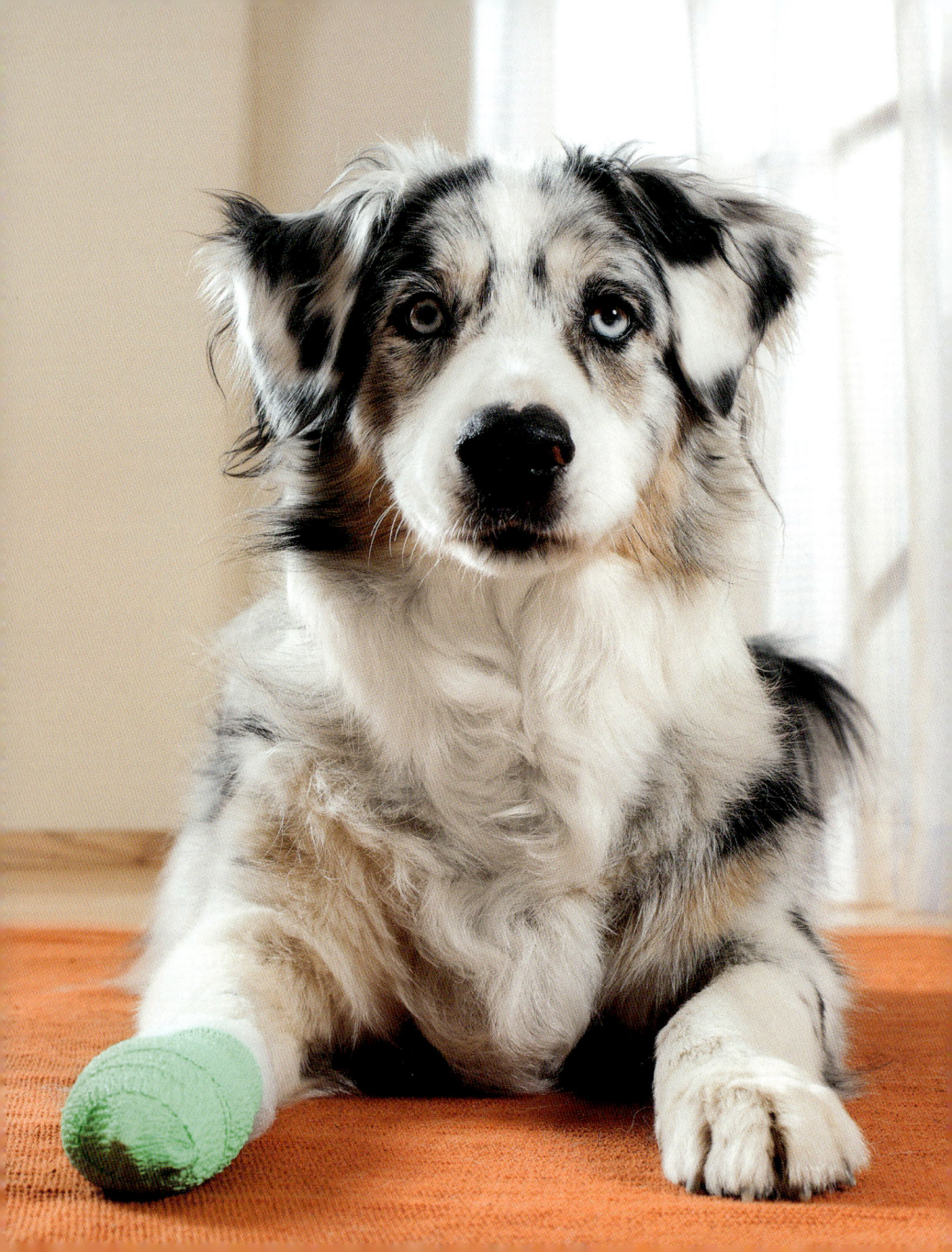

Notfälle, die lebensbedrohlich für den Hund sind

Hört der Hund auf zu atmen oder schlägt das Herz nicht mehr, müssen Sie sofort mit der Wiederbelebung beginnen. Sonst tritt wie beim Menschen der Tod ein oder es entstehen schon nach wenigen Minuten irreparable Schäden am Gehirn. Im Folgenden finden Sie die hierfür nötigen Maßnahmen.

Das ABC der Ersten Hilfe

ABC steht für A wie Atemwege frei machen, B wie Beatmung und C wie Circulation, das heißt Kreislauf. Es ist also ein Kürzel für die allerersten Notfallmaßnahmen.

Atemwege frei machen

Bekommt der Hund keine Luft, das heißt, atmet er nicht, kann ein Fremdkörper, aber auch Blut, Schleim oder Erbrochenes im Maul oder in der Luftröhre die Atmung behindern. Kontrollieren Sie auch, ob die Nasenlöcher frei sind. Legen Sie den Hund zur Untersuchung der Maulhöhle auf seine rechte Seite. Strecken Sie den Kopf, sodass Kopf und Hals in einer Linie liegen, und lagern Sie ihn, wenn möglich, etwas tiefer. Zum Öffnen des Mauls ziehen Sie, falls nötig, Handschuhe an. Fassen Sie dann mit den Händen von oben und unten den Ober- und Unterkiefer im Bereich der Eckzähne und ziehen Sie die Kiefer vorsichtig auseinander. Alternativ können Sie auch jeweils eine Binde oder ein Tuch hinter den Eckzähnen durchziehen und damit das Maul von einem Helfer öffnen lassen (→ Foto 1,

Seite 19). Sie können dann den Hundekopf entweder zum Licht drehen oder mit einer Taschenlampe in die Maulhöhle leuchten. Ziehen Sie die Zunge vor, um Rachen und Maul besser untersuchen zu können.

➤ Flüssiges wie Blut entfernen Sie durch einfaches Herausstreifen.

➤ Fest eingespießte Fremdkörper sollten Sie belassen, da sich nach dem Entfernen unkontrollierbare Blutungen entwickeln können. Kürzen Sie sie notfalls nur ein oder sichern Sie sie so, dass sie keine weiteren Verletzungen verursachen können, etwa durch Abdecken mit einem sauberen Tuch oder Tupfer.

➤ An heraushängenden Fäden, Bändern oder Ähnlichem sollten Sie möglichst nicht ziehen. Am anderen Ende könnte sich ein eingespießter Fremdkörper wie zum Beispiel ein Angelhaken befinden. Wird er durch Ziehen herausgerissen, können starke Verletzungen mit Blutungen entstehen.

➤ Im vorderen Maulbereich sitzende, kaum oder nicht eingespießte Fremdkörper entfernen Sie mit der Hand oder mit einer Pinzette oder Zange vorsichtig unter leichtem Zug.

➤ Tiefer sitzende Fremdkörper, die sich nicht in die Schleimhaut eingespießt haben, lassen sich wie folgt entfernen:
Einen kleineren Hund hält ein Helfer an den Hinterbeinen hoch, der Rücken des Hundes zeigt zur haltenden Person.
Einen größeren Hund legen Sie, wenn möglich, auf die rechte Seite.
In beiden Fällen drücken Sie dann Ihre Faust kurz hinter dem Rippenbogen fest in den Bauch in Richtung Kopf. Nun stoßen Sie damit ruckartig zur Lunge hin. Wiederholen Sie dies bei Bedarf mehrmals. Auf diese Weise kann sich der Fremdkörper lösen und aus der Luftröhre nach außen bewegt werden. Auch in der Speiseröhre feststeckende Fremdkörper, die die Atmung behindern, können Sie so entfernen.

INFO
ABC-MASSNAHMEN

Die Maßnahmen sind notwendig, wenn der Hund nicht mehr atmet und/oder sein Kreislauf zusammengebrochen ist:
➤ **A = Atemwege frei machen**
➤ **B = Beatmen**
➤ **C = Circulation: Kreislaufstabilisierung durch Herzmassage**

Beatmung

Sind die Atemwege frei, doch der Hund atmet trotzdem nicht, muss er sofort beatmet werden. Legen Sie ihn dazu auf seine rechte Seite. So können Sie gleichzeitig sein Herz kontrollieren, indem Sie den Herzschlag prüfen, und auch, falls nötig, zusätzlich eine Herzmassage (→ Seite 20) durchführen.

Mund-zu-Maul-Beatmung: Knien Sie sich so

Das ABC der Ersten Hilfe

1 *Müssen Sie im Notfall das Maul Ihres Hundes öffnen, können Sie dies mit den Händen tun. Sie können aber auch Binden benutzen, die Sie hinter den Eckzähnen durchziehen. Ein Helfer kann so das Maul offen halten, ohne dass dessen Hände im Weg sind. Sie können dadurch das Maul besser kontrollieren.*

2 *Zum Beatmen legen Sie den Hund auf seine rechte Seite. Setzen Sie sich vor ihn und strecken seinen Kopf etwas. Legen Sie ein dünnes Tuch (wenn vorhanden) und dann Ihren Mund auf die Nase des Hundes und blasen Luft durch die Nasenlöcher, bis sich der Brustkorb hebt. Halten Sie dabei das Maul zu. Dann lassen Sie die Luft passiv herausströmen.*

von vorn vor den Hund, dass Sie während Ihrer Maßnahmen den Körper des Hundes vor Augen haben und den Erfolg kontrollieren können. Strecken Sie den Hundekopf etwas. Legen Sie ein dünnes sauberes Tuch über Nase und Maul des Hundes. Umfassen Sie sein Maul mit Ihren Händen und halten es zu. Dann legen Sie Ihren Mund auf die Nase des Hundes und blasen vorsichtig Luft durch die Nasenlöcher hinein, bis sich der Brustkorb hebt. Ein kleiner Hund benötigt natürlich weniger Luft als ein großer. Nach jeder Atemspende nehmen Sie Ihren Mund weg und lassen die Atemluft passiv aus dem Hund ausströmen. Der Rhythmus der Beatmung sollte etwas langsamer sein als Ihr eigener Atemrhythmus, bei großen Hunden etwas langsamer als bei kleinen Hunden.

Kompression des Brustkorbs: Dies ist eine weitere Methode der Beatmung. Dazu ertasten Sie die Rippen des auf der rechten Seite liegenden Hundes. Dann drücken Sie mit der flachen Hand so auf den Brustkorb, dass Luft entweicht. Wenn Sie loslassen, kann durch den Unterdruck in der Lunge frische Luft von außen in die Lunge einströmen. Als grobe Faustregel gilt, alle 3 (bei kleinen Hunden) bis 8 Sekunden (bei großen Hunden) den Brustkorb zusammenzudrücken. Atmet der Hund wieder von selbst, beenden Sie die Maßnahmen.

Tritt nach etwa zehn Minuten keine Spontanatmung ein, dann ist es aussichtslos und Sie sollten die Beatmung einstellen.

Circulation (Kreislauf)

Um das Herz bei Herzstillstand wieder in Gang zu bringen, ist eine Herzmassage notwendig. Sie erkennen das daran, dass beim Hund weder der Herzschlag noch der Puls fühlbar ist. Wie Sie dabei vorgehen, lesen Sie auf Seite 13. Auch die Rekapillarisationszeit gibt Auskunft über den Zustand des Kreislaufs (→ Seite 14).

Herzmassage: Lagern Sie den Hund auf seine rechte Seite. Legen Sie zuerst Ihre linke Hand – bei kleinen Hunden nur die Fingerspitzen – flach auf die Brustwand, wo sich das Herz befindet (→ Foto rechts). Legen Sie dann Ihre rechte Hand bzw. die Finger darüber und drücken mit den Händen die Brustwand etwa einmal pro Sekunde nach unten. Dies wiederholen Sie fünf- bis zehnmal. Machen Sie dann eine Pause von etwa zehn Sekunden und kontrollieren Sie, ob ein spontaner Herzschlag erfolgt. In dieser Pause können Sie auch eine eventuell nötige Beatmung vornehmen.

Herzmassage mit Beatmung: Müssen Sie gleichzeitig beatmen und das Herz massieren, so wechseln Sie 10 Herzmassagen mit 2 Beatmungen ab. Überprüfen Sie nach jeder Sequenz, ob Atmung und Herzschlag eingesetzt haben. Ist das nach etwa 10 Minuten nicht der Fall, können Sie Ihre Bemühungen einstellen, dann ist der Hund tot.

INFO
DARAN ERKENNEN SIE EINEN SCHOCK

▶ Der Hund ist schwach und zittert eventuell stark.
▶ Ohren, Pfoten und die Körperoberfläche sind kalt.
▶ Der Puls ist schnell und flach.
▶ Die Schleimhäute von Augen und Maul sind blass oder bläulich.
▶ Die Rekapillarisationszeit (→ Seite 14) dauert länger als 2 Sekunden.
▶ Der Hund atmet sehr schnell.
▶ Der Hund ist eventuell nicht bei Bewusstsein.
▶ Seine Körperinnentemperatur (Fieber messen!) kann erniedrigt sein.

Schock

> Zur Herzmassage legen Sie den Hund auf seine rechte Seite. Gehen Sie wie im Text beschrieben vor. Am besten machen Sie sich mit der Lage des Herzens – es liegt knapp hinter dem linken Ellbogen – schon am gesunden Hund vertraut. Achtung: Üben Sie die Herzmassage nie am lebenden Hund!

TIPP
HILFSPERSONEN

Sie können Ihnen helfen,
- die Unfallstelle abzusichern
- Hilfe anzufordern
- den Hund festzuhalten
- das Hundemaul aufzuhalten
- die ABC-Maßnahmen durchzuführen
- den Hund zu transportieren

Schock

Als Schock bezeichnet man ein akutes Kreislaufversagen. Als Ursachen können infrage kommen:
- Trauma wie Unfall oder Schreck
- starker Flüssigkeitsverlust, zum Beispiel infolge Durchfall, Erbrechen oder Blutungen
- Allergien
- Herzversagen
- Vergiftungen
- Hitzschlag, Erfrierung
- verschiedene Infektionskrankheiten, zum Beispiel Parvovirose

Woran Sie erkennen, dass Ihr Hund einen Schock hat, erfahren Sie in der Info links. Zeigt Ihr Hund mindestens eines dieser Symptome, fahren Sie sofort zum Tierarzt. Wenn schnell zur Hand, können Sie ihm vorher noch 1 Dosis (1 Tablette oder 5 Kügelchen oder 5 Tropfen) Arnica C30 (Homöopathikum) oder 2 bis 3 Tropfen der Notfalltropfen (Bach-Blüten) direkt ins Maul geben. Lagern Sie während des Transports die Beine des Hundes möglichst etwas höher, indem Sie zum Beispiel eine Decke unterlegen. Halten Sie den Hund warm und versuchen Sie ihn ruhig zu halten.

Phasen eines Schocks: Den Schock teilt man in zwei Phasen ein. In der ersten Phase, der sogenannten Zentralisation, versorgt der Körper zunächst nur die »zentralen«, lebenswichtigen Organe wie Gehirn, Herz und Lunge mit Blut. In dieser Phase ist der Schock behandelbar.

Kommt Ihr Hund nicht rechtzeitig zum Tierarzt, schaltet der Körper aus der Phase der Zentralisation in die Phase der Dezentralisation um. Sind nämlich zum Beispiel die Nieren zu lange nicht durchblutet und drohen zu versagen, versorgt der Körper diese wieder mit Blut. Dieses fehlt dann den »wichtigeren« Organen wie dem Herz. Ist aber das Herz zu wenig durchblutet, versagt es den Dienst. Aus der Phase der Dezentralisation gibt es in den meisten Fällen kein Zurück.

Todeszeichen

Ein Hund ist tot, wenn er nicht ansprechbar ist, Sie weder Atmung noch Puls oder Herzschlag spüren und die Schleimhäute blass sind. Weiterhin stehen die Pupillen weit und es entleeren sich Urin und Kot von selbst. Auch sind keine Reflexe vorhanden. Ist der Hund schon länger tot, tritt die Totenstarre ein, der Körper wird kalt.

> ## INFO
> ### INNERE BLUTUNGEN
> Der Hund ist müde, die Schleimhäute sind blass. Eventuell blutet der Hund aus Körperöffnungen wie Nase oder After. Wird der Bauch dick, könnte er Blutungen in der Bauchhöhle haben, etwa durch einen Milzriss. Sie müssen sofort zum Tierarzt!

Starke Blutungen versorgen

Unter starken Blutungen versteht man Verletzungen, bei denen viel Blut in kurzer Zeit austritt. Sie sind meist die Folge eines Traumas. Starke Blutungen müssen in jedem Fall gestoppt werden, sonst kann es zu einem Schock kommen (→ Seite 21). Allerdings dürfen Sie die Wunden vor der Versorgung nicht säubern, da Sie dadurch die Blutung fördern.

Eine Blutung abdrücken

Als erste Maßnahme nehmen Sie eine Mullkompresse oder ein sauberes Tuch (notfalls auch nur Ihre Finger) und drücken fest auf die blutende Stelle. Dann warten Sie circa eine halbe Minute. Dies wiederholen Sie so lange, bis die Blutung steht. Danach verbinden Sie die Wunde wie auf Seite 25 beschrieben.

Druckverband anlegen

Dies ist nötig, wenn sich die Blutung nicht durch Abdrücken stoppen lässt.

Starke Blutungen versorgen

1 Druck ausüben: Bei stark blutenden Wunden müssen Sie zunächst die Blutung durch Druck stoppen. Legen Sie ein Druckpolster, etwa ein Verbandspäckchen oder eine mit Mull umwickelte Spritze, fest auf die blutende Stelle. Sie können unter dieses Druckpolster zuerst auch noch eine Kompresse legen.

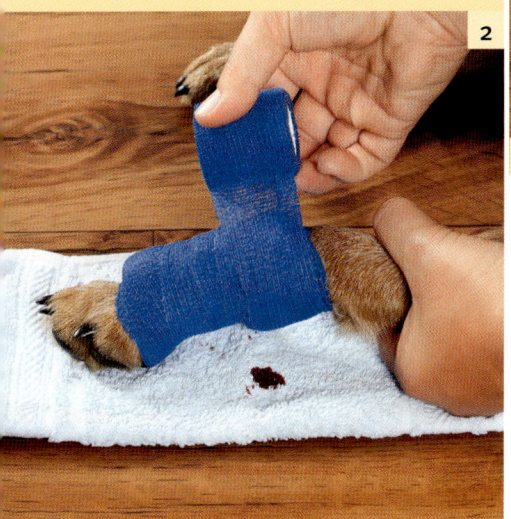

2 Druckverband anlegen: Das Druckpolster fixieren Sie mit einer Binde oder Kompresse. Dann wickeln Sie unter starkem Zug eine elastische Binde darum und kleben sie fest. Dadurch wird das blutende Gefäß abgedrückt. Bleibt der Verband länger als 30 Minuten liegen, kann das Gewebe absterben. Notfalls nehmen Sie den Verband wieder ab.

Wie Sie einen Druckverband anlegen, sehen Sie auf den Fotos 1 und 2. Statt Verbandspäckchen oder Spritze können Sie im Notfall auch eine fest zusammengerollte Socke oder Ähnliches als Druckpolster verwenden.
Hinweis: Richtig fest kann man nur an Gliedmaßen und Schwanz wickeln, an anderen Körperstellen sollten Sie so fest wie möglich wickeln.
Anschließend bringen Sie den Hund sofort zum Tierarzt, denn wenn der Druckverband zu lange liegen bleibt, besteht die Gefahr, dass das Gewebe nicht ausreichend durchblutet wird und abstirbt.

Eine Wunde abbinden

Blutet eine Wunde trotz Druckverband weiter, sollten Sie sie abbinden. Dies ist jedoch nur an den Gliedmaßen und am Schwanz möglich. Dazu wickeln Sie eine Binde, einen

3 Über die Polsterung und die Wattebinde wickeln Sie anschließend eine elastische Binde. Ziehen Sie diese so straff an, dass sie nicht abrutschen kann, aber nicht so fest, dass der Fuß abgebunden wird. Als Letztes fixieren Sie den Verband mit Klebeband. Kleben Sie ihn dabei zusätzlich am oberen Rand am Fell fest.

1 *Beim Verbinden der Pfoten polstern Sie zunächst die Zwischenzehenräume mit Polsterwatte ab. Denken Sie bei den Vorderpfoten auch an die Daumenkralle.*
2 *Legen Sie eine Kompresse um die gepolsterten Zehen. Fixieren Sie das Ganze als Nächstes mit einer Wattebinde, die Sie kreisförmig um die Pfote bis kurz vor oder über das Sprunggelenk wickeln.*

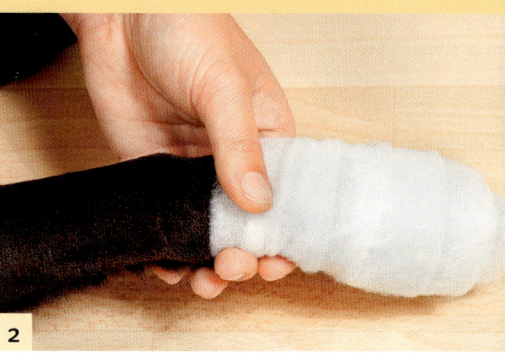

Schal, einen Gürtel oder Ähnliches fest um den entsprechenden Körperteil kurz oberhalb der blutenden Wunde. Fahren Sie dann sofort zum Tierarzt, denn die Abbindung muss nach spätestens 30 Minuten entfernt werden, da das Glied sonst abstirbt.
Wurde ein Glied abgetrennt, binden Sie auf die beschriebene Weise den Stumpf ab. Das abgetrennte Glied wickeln Sie in ein sauberes Tuch und nehmen es mit zum Tierarzt.

Wenn Abbinden nicht möglich ist:

➤ Drücken Sie fest mit einem Finger oder mit Ihrer Faust gegen die blutende Stelle und nehmen Ihre Hand alle paar Minuten kurz weg.

➤ Wickeln Sie Coolpacks/Kühlakkus in ein Tuch und legen Sie das Ganze für maximal 5 Minuten auf die blutende Stelle. Nehmen Sie die Coolpacks dann aber wieder weg, da sonst eine Erfrierung droht. Notfalls können Sie statt des Coolpacks auch in einen Waschlappen oder in ein Tuch gewickelte Eiswürfel nehmen.

➤ Bei nicht zugänglichen Blutungen, etwa aus der Nase, legen Sie ein Coolpack auf den Nasenrücken.

➤ Auch auf starke Blutergüsse können Sie Coolpacks und Ähnliches kurz auflegen. Fahren Sie den Hund danach auf jeden Fall zu Ihrem Tierarzt.

Starke Blutungen versorgen

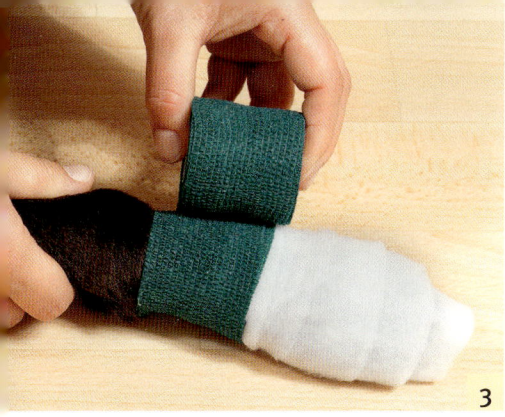

3

Verbände anlegen

Häufig muss ein Verband angelegt werden, um eine Wunde zu schützen oder um etwa bei einem Knochenbruch den entsprechenden Bereich ruhig zu stellen. Wenig blutende Wunden sollten Sie vorher vorsichtig mit lauwarmem Wasser säubern und dann desinfizieren (fragen Sie Ihren Tierarzt).

So gehen Sie vor: Grundsätzlich legen Sie auf alle Wunden zunächst eine sterile Mullkompresse (weder Watte noch Zellstoff oder Ähnliches, weil sonst Fusseln in die Wunde kommen). Dann umwickeln Sie das Ganze mit Polsterwatte oder -binde. Darüber wickeln Sie eine elastische Binde so stramm, dass sie zwar fest sitzt, aber die Durchblutung nicht unterbunden ist. Abschließend fixieren Sie den Verband mit Textilklebeband, Leukoplast oder Ähnlichem.

Pfotenverband: Muss eine Pfote mit verbunden werden, polstern Sie die Zehenzwischenräume mit etwas dünnem Polstermaterial, bevor Sie wie oben beschrieben die elastische Binde darumwickeln.

> **TIPP**
> **BLUTUNGSARTEN**
>
> **Je nach Art der Blutgefäße ist der Blutfluss unterschiedlich.**
> ➤ **Große Arterie verletzt:** Das Blut ist hellrot und spritzt parallel zum Herzschlag heraus. Es besteht akute Verblutungsgefahr. Der Hund muss nach Anlegen eines Druckverbands schnellstens zum Tierarzt.
> ➤ **Große Vene verletzt:** Das Blut ist dunkelrot und fließt gleichmäßig aus der Wunde. Nachdem Sie einen Druckverband angelegt haben, fahren Sie den Hund zum Tierarzt.

Den Verband schützen

➤ Um den Hund am Benagen des Verbands zu hindern, tragen Sie entweder Bitterstoffe (vom Tierarzt) auf oder Sie legen ihm einen Halskragen um (vom Tierarzt zeigen lassen).
➤ Verbände dürfen nicht nass werden. Als Schutz können Sie – aber nur für draußen – einen wasserdichten Hundeschuh, einen Gefrierbeutel oder Frischhaltefolie überziehen. Im Haus muss dies entfernt werden, da sonst die sich im Verband bildende Feuchtigkeit nicht verdunsten kann. Dies würde die Heilung der Wunde behindern. Zu Verbänden an den Augen → Seite 32, an den Ohren → Seite 40, am Bauch → Seite 44 sowie an Brüchen → Seite 38.

LEBENSBEDROHLICHE NOTFÄLLE

Transport des verletzten Hundes

Haben Sie die ersten Notfallmaßnahmen wie die Versorgung der Wunden oder die Stabilisierung des Kreislaufs durchgeführt, muss der Hund zum Tierarzt oder in die Tierklinik gebracht werden.

Der Hund ist nicht so stark verletzt:
▶ Er kann entweder selbst zum Auto laufen, oder Sie transportieren ihn je nach Größe und Gewicht auf einer Decke (→ Foto 2, rechts) oder in einem Korb.
▶ Einen kleineren Hund, der nicht zu schwer ist, können Sie auch auf den Armen tragen. Hierzu gehen Sie in die Hocke und schieben einen Arm vor seine Brust, den anderen um die Hinterbeine unter dem Po. Dann schieben Sie beide Arme so weit wie möglich aufeinander zu. Anschließend ziehen Sie den Hund an Ihre Brust. Stehen Sie nun mit geradem Rücken auf und heben den Hund mit hoch.

Der Hund ist mittelschwer bis schwer verletzt oder bewusstlos: Legen Sie ihn am besten auf die rechte Seite, wenn keine Verletzungen dagegen sprechen (→ Hinweise zur Lagerung, rechts). Zittert er stark oder zeigt er Schocksymptome (→ Info, Seite 20), dann decken Sie ihn mit einer Decke zu. Wenn vorhanden, können Sie ihm weitere Wärme mittels Wärmflasche oder Körnerkissen zuführen. Transportieren Sie ihn dann am besten auf einem Brett oder einer Trage (→ Foto 1, rechts), notfalls auch auf einer Decke (→ Foto 2, rechts).

Achtung: Eine Decke dürfen Sie nicht verwenden, wenn Sie eine Verletzung an der Wirbelsäule oder am Becken vermuten. In diesen Fällen schieben Sie den Hund so vorsichtig wie möglich auf ein Brett oder eine Trage. Vermeiden Sie das Berühren und Bewegen verletzter Körperteile.

Fahrt zum Tierarzt: Während des Transports prüfen Sie regelmäßig Atmung und Kreislauf. Falls nötig, müssen Sie den Hund künstlich beatmen (→ Seite 18) und/oder eine Herzmassage (→ Seite 20) anwenden.

Tipp: Transportieren Sie den Hund im Auto zu zweit, dann kann sich eine Person – am besten die, die mit dem Hund vertrauter ist – um das Tier kümmern.

INFO
SINNVOLLE BEFEHLE

Bringen Sie Ihrem Hund beizeiten einige sinnvolle Befehle bei. Dann lässt er sich im Notfall besser von Ihnen untersuchen und behandeln.
▶ **dead oder peng:** Der Hund legt sich auf die Seite
▶ **Augen:** Er weiß, dass nun die Augen untersucht werden
▶ **Maul:** Er weiß, dass Sie jetzt sein Maul und die Lefzen untersuchen
▶ **Bauch:** Sie inspizieren den Bauch
Üben Sie die Befehle zur Auffrischung in regelmäßigen Abständen.

Transport des verletzten Hundes

1 Bei Verdacht auf eine Kopf-, Wirbelsäulen- oder Beckenverletzung transportieren Sie den Hund am besten auf einem Brett, damit er möglichst wenig bewegt wird.
2 Kann der Hund nicht laufen oder stehen, kann er auf einer Decke transportiert werden. Er liegt dann wie in einer Hängematte. Achten Sie darauf, dass er nicht herausfallen kann. Halten Sie ihn möglichst noch zusätzlich fest, etwa am Halsband.

Hinweise zur Lagerung

➤ Decken Sie verletzte Bereiche möglichst nicht zu (→ Druckverband, Seite 22).
➤ Ein gebrochenes Bein sollte immer oben liegen. Stützen Sie es eventuell durch eine zwischen die Beine gelegte Decke oder ein gerolltes Handtuch ab.
➤ Hat sich der Hund mehrere Gliedmaßen gebrochen, lagern Sie ihn so, dass sich der schwerere Bruch oben befindet.
➤ Bei Verletzungen am Brustkorb legen Sie den Hund auf die verletzte Seite, damit er mit der unverletzten Seite atmen kann.
➤ Offene Wunden sollten, wenn es die anderen Verletzungen zulassen, immer nach oben zeigen.
➤ Letztlich richtet sich die Lagerung nach der schwersten Verletzung, diese kommt immer nach oben.

Achtung: Auch ein bewusstloser Hund kann unvermittelt zuschnappen. Erwacht ein Hund plötzlich aus seiner Bewusstlosigkeit, kann er ebenfalls zuschnappen oder auch plötzlich aufspringen und weglaufen. Sichern Sie daher immer sich, etwa mit Handschuhen, aber auch den Hund. Leinen Sie ihn an, beim Transport halten Sie ihn fest.

Kennzeichen häufiger Notfälle
Der Hund atmet nicht.
Sein Herz schlägt nicht.
Er hat einen Schock.
Der Hund erstickt.
Er hat starke Blutungen.
Er ist verletzt.
Er hat sich einen Knochen gebrochen.
Er hat sich vergiftet.
Der Hund hat Krämpfe.

Kennzeichen innerer Blutungen
Der Hund ist müde, die Schleimhäute sind blass.
Evtl. blutet der Hund aus Körperöffnungen wie Nase oder After.
Wenn der Bauch dick wird, könnte er Blutungen in der Bauchhöhle haben, etwa durch einen Milzriss.
Im Urin, Kot oder Erbrochenen kann sich Blut befinden.

Grundsätzliches

Das ist zu tun:
➤ Ruhe bewahren
➤ Hund sichern, sich selbst dabei schützen
➤ Ist-Zustand des Hundes durch Beobachten und Untersuchen feststellen
➤ Lebensbedrohliche Zustände beheben, evtl. Wiederbelebung (→ ABC-Schema, ab Seite 17)
➤ Verletzungen versorgen, falls nötig Druckverband anlegen
➤ Tierarzt oder Tierklinik anrufen
➤ Transport organisieren

Das ist zu tun:
➤ Ruhe bewahren
➤ Rekapillarisationszeit bestimmen
➤ Puls- und Herzfrequenz bestimmen
➤ Körperinnentemperatur messen
➤ Möglichst wenig bewegen
➤ Warm halten
➤ Tierarzt oder Tierklinik anrufen
➤ Den Hund zum Tierarzt transportieren, dabei ruhig halten
➤ Erbrochenes, Kot oder Urin mitnehmen, sofern Blut darin zu finden ist

Der Hund ist bei Bewusstsein

Der Hund ist ansprechbar.
Er reagiert auf Anweisungen.
Atmung und Herzschlag/Puls sind vorhanden bzw. fühlbar.
Vorsicht: Er könnte aggressiv reagieren.
Er könnte ungewohnt reagieren.
Er könnte weglaufen.
Bewegungen können eingeschränkt sein.
Er kann Urin, Kot, Blut verlieren.

Der Hund ist bewusstlos

Der Hund ist nicht ansprechbar.
Er reagiert nicht auf lautes Rufen oder Klatschen.
Er bewegt sich nicht.
Er atmet evtl. nicht oder nur schwach.
Herzschlag und Puls sind evtl. nicht vorhanden oder schwach.
Rekapillarisationszeit ist evtl. verzögert.
Reflexe sind auslösbar.

zu allen Notfällen

Das ist zu tun:

- Hund beruhigen und beobachten
- Hund anleinen
- Wenn er aggressiv ist, Maulkorb oder Schnauzenband anlegen
- Hund untersuchen, falls möglich; dabei Atmung, Herzfrequenz und Puls sowie die Schleimhautfarbe kontrollieren
- Falls nötig die Atemwege frei machen
- Verletzungen feststellen
- Falls nötig Blutungen stillen
- Evtl. zum Tierarzt, Transport klären

Das ist zu tun:

- Hund auf seine rechte Seite legen, Kopf möglichst tiefer lagern als den Körper
- Atmung kontrollieren, evtl. Fremdkörper beseitigen, evtl. beatmen
- Herzschlag, Puls und Schleimhäute kontrollieren, evtl. Herzmassage
- Blutungen stillen, falls nötig
- Hund sichern
- Tierarzt anrufen
- Transport klären und zum Tierarzt fahren

Richtig handeln bei Notfällen des Hundes

In diesem Kapitel finden Sie Informationen zu den am häufigsten vorkommenden akuten Notfällen bei Hunden. Da Notfälle immer unverhofft auftreten, sollten Sie sich schon vorab mit den wichtigsten Maßnahmen vertraut machen und manche Dinge, etwa Verbände anlegen, vorher üben.

Notfälle von A–Z

Zum leichteren Auffinden der Notfälle sind diese nach dem Alphabet sortiert. Grundsätzliches sowie lebensbedrohliche Notfälle finden Sie in Kapitel 1 und 2.

Allergien

Allergien sind eine Überreaktion des Immunsystems auf eigentlich harmlose Stoffe. Allergische Reaktionen können nach Insektenstichen (→ Seite 36) auftreten, aber auch nach Medikamentengabe, Impfungen, auf bestimmte Futtermittel etc.

Symptome: Juckreiz, Schwellungen der Haut und/oder Schleimhaut, Atemnot, Schock (→ Seite 21).
Das ist zu tun: Bei leichtem Juckreiz reicht es häufig, die betroffene Hautstelle mit kühlem Wasser abzuspülen. Zusätzlich geben Sie dem Hund eine Kalzium-Trinkampulle mittels Einwegspritze ein (→ Foto 2, Seite 11). Bei allen anderen oben genannten Symptomen suchen Sie sofort mit dem Hund Ihren Tierarzt auf.
Wichtig: Hat Ihr Hund eine bekannte Allergie, sollten Sie sich die notwendigen (Notfall)Medikamente von Ihrem Tierarzt zusammenstellen lassen.

Augenverletzungen

Verletzungen am und im Auge können zunächst harmlos aussehen, aber dennoch zum Verlust des Auges führen. Daher sollten Sie mit dem Hund immer möglichst sofort einen Tierarzt aufsuchen.

Symptome: Verletzungen am Auge haben meist Blutungen oder Schwellungen zur Folge. Ist ein Fremdkörper die Ursache, tränt das Auge oder der Hund kneift das Auge zu und wischt mit der Pfote darüber.

Das ist zu tun: Liegt der Fremdkörper auf dem Auge, können Sie versuchen, ihn mit physiologischer Kochsalzlösung (aus der Apotheke) oder notfalls mit abgekochtem lauwarmem Wasser herauszuspülen. Dazu eignet sich am besten eine Einmalspritze ohne Nadel. Spülen Sie das Auge mit sanftem Strahl so von oben, dass die Flüssigkeit vom Augeninnenrand nach unten und außen wegfließt. Suchen Sie danach Ihren Tierarzt auf, damit er überprüfen kann, ob noch weitere Schäden entstanden sind.
Einen im Auge steckenden Fremdkörper dürfen Sie nie herausziehen, da dadurch das Auge auslaufen kann. Belassen Sie ihn dort.
Zum Schutz und Feuchthalten des Auges beim Transport zum Tierarzt legen Sie eine mit physiologischer Kochsalzlösung oder notfalls mit abgekochtem lauwarmem Wasser getränkte Kompresse locker auf das Auge. Befestigen Sie diese dann mit Leukoplast. Hindern Sie Ihren Hund daran, am Auge zu kratzen, indem Sie ihm zum Beispiel einen Halskragen anlegen.
Bei Schwellungen und Blutungen können Sie ebenfalls zunächst eine angefeuchtete Kompresse auflegen, darauf können Sie eventuell noch für ca. 5 Minuten eine Kühlkompresse (→ Seite 24) legen.

Achtung: Verwenden Sie am Auge nie Kamillentee! Die darin befindlichen Schwebeteilchen der Kamille reizen das Auge zusätzlich.

> **TIPP**
> **RICHTIG VERHALTEN BEI BEISSEREIEN**
>
> ▶ Weder schreien noch rufen
> ▶ Sind die raufenden Hunde nicht angeleint, als Besitzer in entgegengesetzte Richtungen weglaufen und die Hunde zu sich rufen
> ▶ Möglichst nicht dazwischengreifen
> ▶ Möglichst Hund nicht wegreißen, Verletzungen werden dadurch schlimmer

Bisswunden

Bei Beißereien können sich Hunde mit ihren spitzen Eckzähnen mehr oder weniger große Wunden zufügen. Meist schließen sich diese schnell wieder. Da sich an den Zähnen aber immer Bakterien oder Nahrungsreste befinden, können sich die Wunden infizieren und zu einer Blutvergiftung oder einem Abszess führen.

› *Auch beim freundschaftlichen Spiel kann es zu ungewollten Verletzungen kommen, insbesondere wenn die Hunde unterschiedlich alt oder groß sind.*

Deshalb sollten Sie alle Verletzungen, die nicht nur die Hautoberfläche betreffen, einem Tierarzt vorstellen. Meistens ist ein Antibiotikum nötig.
Das ist zu tun: Oberflächliche Bisswunden versorgen Sie wie auf Seite 43 unter »Verletzungen an Beinen und Schwanz« beschrieben. Tiefere Bisswunden sollte der Tierarzt versorgen. Wie Sie Blutungen stoppen, lesen Sie auf Seite 22. Bei starken Blutungen müssen Sie Atmung und Kreislauf kontrollieren und notfalls behandeln (→ ab Seite 17). Achten Sie auf Schocksymptome (→ Info, Seite 20).

Erfrierungen/Unterkühlung

War der Hund zum Beispiel zu lange draußen oder war er ins kalte Wasser gefallen, kann er sich eine Unterkühlung zuziehen. Lokale Erfrierungen kann er bekommen, wenn er zu lange Kontakt etwa mit Eis hatte.
Symptome: Lokale Erfrierungen äußern sich mit Schwellungen, Blasenbildung und

RICHTIG HANDELN

Hautverfärbungen. Auf eine Unterkühlung deuten Müdigkeit, eventuell helle Schleimhäute und Untertemperatur hin.

Das ist zu tun: Wichtig ist, den Hund langsam zu erwärmen. Hüllen Sie dazu den ganzen Körper in warme Decken und legen Sie eventuell noch eine Wärmflasche oder ein warmes (nicht heißes) Körnerkissen dazu. Die Füße können Sie in lauwarmes (!) Wasser tauchen. Geben Sie dem Hund lauwarmes Wasser (eventuell mit Traubenzucker leicht gesüßt) zu trinken.

Hat der Hund Probleme mit der Atmung und der Durchblutung (→ Seite 14) oder einen Schock (→ Seite 21), muss er sofort zum Tierarzt. Auch lokale Erfrierungen sollten Sie sofort vom Tierarzt kontrollieren lassen, damit zum Beispiel keine Infektion eintritt.

Achtung Verletzungsgefahr: Lassen Sie Ihren Hund an unübersichtlichen Stellen besser nicht ins Wasser springen.

Ertrinken

Hat der Hund Wasser in die Lungen bekommen, müssen Sie dies entfernen.
Das ist zu tun: Holen Sie den Hund aus dem Wasser. Überprüfen Sie seinen Zustand nach dem ABC-Schema (→ Seite 17) und ergreifen Sie die erforderlichen Maßnahmen. Wasser in der Lunge entfernen Sie folgendermaßen: Öffnen Sie das Maul und ziehen Sie die Zunge nach vorn. Einen kleineren Hund heben Sie dann an den Hinterbeinen hoch, sodass der Kopf nach unten hängt, und schwingen ihn vorsichtig hin und her. Nicht zu stark schwingen, es könnte sonst zu Wirbelsäulenverletzungen kommen. Einen größeren Hund heben Sie mit dem Rumpf so weit wie möglich hoch. Dann klopfen Sie ihm auf den Rücken, damit er das Wasser aushustet oder damit das Wasser herausläuft.
Hat sich der Hund zusätzlich unterkühlt (→ Seite 33), lassen Sie ihn vom Tierarzt untersuchen.

Fieber

Hohes Fieber über 40 °C kann darauf hinweisen, dass der Hund eine schwere Infektion oder einen Hitzschlag hat. Es kann lebensbedrohend sein.
Symptome: Der Hund ist matt und kann hochrote oder blasse Schleimhäute (Kreislaufprobleme) haben. Bei Infektionen, etwa Lungenentzündung, können lokale Symptome wie erschwerte Atmung auftreten.

> **TIPP**
> **VERHALTEN NACH EINER NARKOSE**
> Richten Sie sich in jedem Fall nach den Anweisungen des operierenden Tierarztes, da je nach Operation verschiedene Dinge beachtet werden müssen.
> Beachten Sie insbesondere die Trink- und Fütterungsanweisungen. Füttern oder tränken Sie Ihren Hund zu früh und er kann noch nicht richtig schlucken, könnte er das Aufgenommene in die Luftröhre bekommen.

Das ist zu tun: Machen Sie kalte Wickel um zwei Beine und/oder legen Sie ein feuchtes Handtuch über den Körper. Fahren Sie dann sofort zum Tierarzt.

Fremdkörper

Symptome: Fremdkörper im Rachen und in den Atemwegen verursachen Atembeschwerden, auch Würgen oder Hüsteln, zudem reibt der Hund häufig den Kopf und/oder Hals am Boden.
Das ist zu tun: Fremdkörper, die die Atmung behindern, aber nicht fest einge-

spießt sind, müssen Sie wie auf Seite 18 beschrieben entfernen. Steckt der Fremdkörper fest in der Schleimhaut, müssen Sie sofort zum Tierarzt fahren. Kontrollieren Sie begleitend immer auch Atmung und Herzschlag (→ Seite 13, 14).
Hat Ihr Hund einen Fremdkörper gefressen, müssen Sie das Tier sofort zum Tierarzt bringen. Geben Sie Ihrem Hund nichts mehr zu fressen. Der Tierarzt kann mit bestimmten Medikamenten Erbrechen auslösen.
Wichtig: Wenden Sie keine Medikamente für Menschen an wie etwa Abführmittel! Hunde vertragen nicht alles, oder die Mittel müssen anders dosiert werden.
Zeigt Ihr Hund die oben genannten Symptome, obwohl Sie nicht beobachten konnten, dass er einen Fremdkörper verschluckt hat, dann sollten Sie das Tier trotzdem einem Tierarzt vorstellen.

Hitzschlag/Sonnenstich

Hunde können leicht einen Hitzschlag bekommen. Sie regulieren ihre Körperinnentemperatur hauptsächlich durch Hecheln, schwitzen können sie nur über ihre Pfoten. Sie haben daher weniger Möglichkeiten als wir Menschen, ihre Temperatur abzusenken. Zusätzlich tragen sie bei jedem Wetter ihr wärmendes Fell.
Das ist zu tun: Bringen Sie den Hund sofort in eine kühle Umgebung. Senken Sie langsam seine Körperinnentemperatur, indem Sie ihn mit feuchten Tüchern bedecken. Beginnen Sie an den Beinen, dann folgt der Rumpf. Der Kopf bleibt immer frei. Lassen Sie den Hund kühles Wasser trinken. Kontrollieren Sie dabei seine Körpertemperatur, indem Sie Fieber messen und die Körperoberfläche befühlen. Wenn die Werte wieder normal sind und der Hund nicht mehr hechelt, beenden Sie Ihre Maßnahmen.
Ist der Hund bewusstlos oder zeigt er Schocksymptome (→ Seite 20), bringen Sie ihn sofort zum Tierarzt.

Insektenstiche

Beim Spielen oder Toben draußen kann es schnell passieren, dass Ihr Hund von einer Biene oder Wespe gestochen wird.

INFO
DARAN ERKENNEN SIE EINEN HITZSCHLAG

Die Symptome sind nach ansteigendem Schweregrad aufgelistet:
➤ starkes Hecheln
➤ schneller Puls
➤ erhöhte Körpertemperatur (über 39 °C)
➤ Schwäche
➤ blasse oder bläuliche Schleimhäute
➤ Benommenheit, Taumeln
➤ Schock
➤ Bewusstlosigkeit

Notfälle von A–Z

1 *Bei Hitzschlag gießen Sie kein kaltes Wasser im Schwall über den Hund und flößen ihm Wasser nicht gewaltsam ein. Decken Sie ihn mit einem feuchten Tuch ab.*
2 *Hat eine Biene Ihren Hund gestochen, müssen Sie den Stachel mit einer Pinzette entfernen (Bienen stechen nur einmal, dabei bleibt der Stachel oft in der Haut stecken). Wespen können mehrmals stechen, ihr Stachel bleibt meist nicht in der Haut stecken.*

Symptome: Schwellungen und Juckreiz bei Stichen in die Haut; Verschluss der Atemwege und Erstickungsanfälle bei Stichen in den Rachen; allergischer Schock.
Das ist zu tun bei Hautstichen: Wurde der Hund gestochen, entfernen Sie eventuell steckende Stacheln, kühlen Sie die Stichstelle mit einem in ein Handtuch gewickelten Coolpack (nicht länger als 5 Minuten). Alternativ hilft auch ein feuchtes Tuch oder ein kühles Bad. Normalerweise ist dies ausreichend. Achten Sie aber darauf, dass Ihr Hund nicht an der Stichstelle leckt, er könnte sonst ein Leckekzem verursachen.

Das ist zu tun bei Rachenstichen: Bei einem Stich in den Rachen können die Atemwege zuschwellen, Ihr Hund kann ersticken. Suchen Sie sofort Ihren Tierarzt auf. Als zusätzliche Maßnahme kühlen Sie die Stichstelle von außen. Versuchen Sie, Ihren Hund kaltes Wasser oder Eis schlucken zu lassen; flößen Sie ihm dies aber nicht ein, er könnte sich daran verschlucken und noch mehr Atemnot bekommen.
Achtung: Manche Hunde reagieren auf Insektenstiche allergisch. Gefährlich ist vor allem der allergische Schock. Was bei einer Allergie zu tun ist, lesen Sie auf Seite 31.

Knochenbruch

Knochenbrüche sind meist die Folge von schwereren Unfällen. Hat sich Ihr Hund einen Knochen gebrochen, muss er so schnell wie möglich zum Tierarzt. Man unterscheidet geschlossene und offene Brüche.

Symptome für offene Brüche: frei liegende Knochen oder tiefe Wunden

Symptome für geschlossene Brüche: Schmerzen an der entsprechenden Stelle, die Stelle schwillt an, eventuell sind die Bruchenden zu fühlen; der Hund kann die betroffene Gliedmaße nicht mehr benutzen.

Das ist zu tun bei offenen Brüchen: Legen Sie am besten nur eine sterile Kompresse auf, dann transportieren (→ Seite 26) Sie den Hund zum Tierarzt. Bei mehreren Brüchen ist der offene Bruch immer der schwerere und muss oben liegen.

Das ist zu tun bei geschlossenen Brüchen: Befindet sich der geschlossene Bruch unterhalb von Knie und Ellbogen, dann können Sie, falls ein längerer Transport nötig ist, das Bein schienen. Hierfür umwickeln Sie das Bein im Bereich des Bruchs zunächst mit einer Binde, wobei Sie nicht zu fest wickeln dürfen, da das Bein nach einem Bruch anschwillt. Darüber kommt eine Lage Polstermaterial wie Watte. Darum wickeln Sie zur Stabilisierung fest mehrere Lagen Zeitungspapier, falls nicht vorhanden, legen Sie einen Stock oder Ähnliches an. Das Ganze umwickeln Sie

Beim Spielen und Toben kommt es leicht zu Verstauchungen und Prellungen.

mit einer Binde. Damit der Verband hält, beziehen Sie beim Wickeln der Binde auch die angrenzenden Gelenke mit ein. Mit Leukoplast verhindern Sie, dass der Verband aufgeht.

Achtung: Das unterhalb des Verbands herausschauende Stück Bein darf nicht anschwellen. Passiert dies, haben Sie zu eng gewickelt. Bringen Sie die Versteifung wie Zeitung oder Stock immer nur im Bereich des Bruchs an. Sind Sie sich nicht sicher, fahren Sie ohne Verband zum Tierarzt.

Krallenverletzungen

Sie passieren meistens durch Hängenbleiben, etwa weil die Kralle zu lang ist.
Symptome: Der Hund benutzt seinen Fuß ungern oder tritt nicht auf, er leckt an der Pfote; die Kralle kann bluten.

> **INFO**
> **PRELLUNG, VERSTAUCHUNG, VERRENKUNG**
>
> Symptome sind Schmerzen an bestimmten Stellen (Prellung) oder Lahmheit. Gehen Sie nicht mehr als nötig Gassi, halten Sie den Hund ruhig. Verschwinden die Symptome nicht nach spätestens 3 Tagen, gehen Sie mit dem Hund zum Tierarzt.

Das ist zu tun: Bei blutenden Krallen verbinden Sie den Fuß und suchen sofort Ihren Tierarzt auf. Bei nicht blutenden Krallenbrüchen schneiden Sie, wenn möglich, das abgebrochene Stück ab. Liegt das Gewebe unter der Kralle frei, ziehen Sie dem Hund zunächst eine Socke über und suchen dann Ihren Tierarzt auf.

Krampfanfälle/Epilepsie

Bei Krampfanfällen verkrampfen sich entweder alle Muskeln des Hundes oder die Muskeln einzelner Körperteile, etwa die der Gliedmaßen. Gefährlich sind Anfälle, die nicht aufhören oder zu oft wiederkehren; sie können zu Herz-Kreislauf-Versagen führen.
Symptome: Der Hund ist kaum oder nicht ansprechbar; er hat unkontrollierten Urin- und Kotabsatz; der Hund kann Schaum vor dem Maul haben. Meist sind die Anfälle nach einigen Minuten wieder vorbei.
Das ist zu tun: Bewahren Sie in jedem Fall Ruhe. Ist der Hund bewusstlos, kontrollieren Sie, ob er atmet und/oder ob sein Herz schlägt. Ist dies nicht der Fall, beginnen Sie mit der Beatmung und/oder der Herzmassage (→ Seite 18–20).
Wichtig ist, dass sich der Hund während des Anfalls nicht verletzt. Räumen Sie deshalb Stühle etc. aus dem Weg und vermeiden Sie Stress wie Lärm und helles Licht. Halten Sie den Hund nicht fest, Sie könnten ihn dabei verletzen. Um zu verhindern, dass er sich auf die Zunge beißt, können Sie versuchen, ihm einen stumpfen Gegenstand, etwa einen Tennisball oder ein zusam-

mengerolltes Stück Stoff, ins Maul zu schieben. Greifen Sie aber nie ins Maul, er könnte in seinem Krampf zubeißen.
Dauert ein Krampf länger als 5 Minuten, suchen Sie mit dem krampfenden Hund sofort Ihren Tierarzt auf. Auch nach einem Krampf sollten Sie vom Tierarzt die Ursache abklären lassen.

Magendrehung

Eine Magendrehung entwickelt sich vor allem bei großen Hunderassen. Häufig treten die Symptome einige Stunden nach dem Fressen oder nach viel Bewegung auf. Es handelt sich um einen absoluten Notfall, der Hund kann innerhalb kürzester Zeit sterben.
Symptome: Aufblähen des vorderen Bauchbereichs hinter den Rippen, zusätzlich ist der Hund unruhig, er versucht vergeblich zu brechen oder es kommt nur etwas schaumige Flüssigkeit.
Das ist zu tun: Rufen Sie sofort beim Tierarzt an, nicht jede Praxis kann die nötige Operation durchführen. Sie sparen wertvolle Zeit, wenn Sie sofort zu einer entsprechend qualifizierten Praxis oder Tierklinik fahren.

Ohrverletzung

Symptome bei äußeren Verletzungen: Blutung am Ohrlappen, der Hund schüttelt seinen Kopf
Symptome bei inneren Verletzungen: Blutungen aus dem Ohr
Das ist zu tun: Eine Verletzung am Ohrlappen müssen Sie verbinden. Klappen Sie dafür den Ohrlappen nach oben an den Kopf. Legen Sie dann eine Kompresse auf und wickeln eine Binde abwechselnd vor und hinter dem Ohr um den Kopf herum. Dann befestigen Sie das Ganze mit Leukoplast am Fell. Sie müssen ca. 2 Finger unter den Verband schieben können, sonst sitzt er zu fest. Fahren Sie dann zum Tierarzt. Bei Blutungen, die aus dem Gehörgang kommen, lassen Sie das Blut zunächst ablaufen. Stoppt die Blutung nicht innerhalb weniger Minuten, legen Sie ein in einen Waschlappen gewickeltes Coolpack auf und fahren zum Tierarzt.

Penisvorfall

Symptome: Beim Rüden kann es durch starkes Lecken und häufiges Onanieren dazu kommen, dass er den ausgeschachteten (ausgefahrenen)

> **INFO**
> **SCHLANGENBISS**
>
> In Mittel- und Nordeuropa sind meist die tagaktiven Kreuzottern für Bisse verantwortlich. Wenn Sie in südlichen Ländern Urlaub machen, sollten Sie sich vorab bei Ihrem Tierarzt oder im Internet kundig machen, welche giftigen Schlangenarten dort vorkommen können.

1 *Verletzungen am äußeren Ohr sind oft die Folge von Beißereien. Blutungen aus dem Ohr kommen nach Unfällen oder bei starken Entzündungen im Gehörgang vor. Hindern Sie den Hund am Kopfschütteln, da die Wunde noch mehr bluten würde. Legen Sie einen Verband an. Schützen Sie diesen durch einen Halskragen.*

2 *Beim Stöbern, aber auch beim Vorweglaufen werden Hunde vor allem in Gebieten, in denen Schlangen häufiger vorkommen, ab und zu von diesen gebissen. Die Schlange bemerkt den Hund oft nicht rechtzeitig und kann sich daher nicht mehr zurückziehen. Beim Abwehrbiss der Schlange sind dann beim Hund meist der Kopfbereich oder die Pfoten betroffen.*

Penis nicht mehr in die Vorhaut zurückziehen kann (Penisvorfall). Der Penis ist dunkelrot und dicker als normal.
Das ist zu tun: Legen Sie vorsichtig ein mit einem Handtuch umwickeltes Coolpack auf (maximal 5 Minuten). Machen Sie dann den Penis mit einer Heilsalbe, etwa Bepanthen®, gleitfähig und versuchen Sie ihn vorsichtig in die Vorhaut zurückzumassieren. Wenn Ihnen das nicht gelingt oder der Hund es nicht zulässt, fahren Sie sofort zum Tierarzt.

Schlangenbiss

Symptome: Die Bissstelle besteht aus zwei feinen Löchlein, die etwa 1 cm voneinander entfernt sind. Um die Stelle herum bildet sich oft ein kleiner Bluterguss. Sie schwillt meist schmerzhaft an.
Die Wirkung des Gifts ist abhängig von der Größe des Hundes, von der Giftmenge und

› Mit einer reflektierenden Weste kann Ihr Hund im Dunkeln besser gesehen werden.

der Schlangenart. Der Hund kann beispielsweise einen Schock bekommen. Nicht immer wird aber mit dem Biss Gift abgegeben.
Das ist zu tun (Kreuzotter): Binden Sie nichts ab und saugen Sie auch die Bissstelle nicht mit dem Mund aus. Sinnvoll könnte – sofern vorhanden – das Absaugen mit einer Minisaugpumpe sein, etwa Aspivenin®. Lagern Sie in jedem Fall den Hund ruhig, kontrollieren Sie Atmung und Herzschlag (→ ABC, ab Seite 17) und achten Sie auf Schocksymptome (→ Seite 20). Bisse im Hals können durch die Schwellungen zu Atemnot führen. Kühlen Sie die Bissstelle nicht mit Eis. Wird die Schwellung zu stark und führt zu Atemnot, kühlen Sie nur mit feuchten Umschlägen, die nicht kälter als 20 °C sein dürfen. Dies ist wichtig, damit die Gewebeaktivität nicht unterbunden wird und das Gewebe in der Folge nicht abstirbt. Wegen der eintretenden Schwellungen sollten Sie die Wunde nicht verbinden. Fahren Sie sofort zum Tierarzt. Rufen Sie aber vorher dort an, damit das Gegengift bei Bedarf besorgt werden kann. Antiserum ist nicht in jeder Tierarztpraxis vorrätig.

Stromschlag

Symptome: Möglich sind Schock, Probleme mit der Atmung und mit dem Kreislauf; lokale Verbrennungen
Das ist zu tun: Schalten Sie zuerst den Strom aus! Ziehen Sie Gummihandschuhe an und bringen Sie den Hund aus der Gefahrenzone. Prüfen Sie dann sofort seinen Allgemeinzustand nach dem ABC-Schema (→ ab Seite 17) und behandeln ihn entsprechend. Mögliche Verbrennungen versorgen Sie wie unten beschrieben.

Verbrennungen

Verbrennungen teilt man in drei Grade ein (→ Info rechts).
Symptome: Sie reichen von Rötung und Schwellung bis zu Blasenbildung und abgestorbenem Gewebe. Letzteres erkennen Sie daran, dass es dunkler oder heller als das umliegende Gewebe ist und nicht schmerzt.
Das ist zu tun: Bringen Sie den Hund unter Beachtung Ihrer eigenen Sicherheit aus der Gefahrenzone. Überprüfen Sie dann seinen Gesamtzustand nach dem ABC-Schema (→ Seite 17) und treffen die entsprechenden Maßnahmen. Kühlen Sie dann die betroffenen Stellen etwa 10 Minuten lang mit fließendem kaltem Wasser. Bringen Sie weder Salbe noch Puder auf die Brandwunden auf. Decken Sie die Wunden mit einem feuchten Tuch ab oder legen Sie locker eine sterile Mullkompresse auf (diese sollte aber nicht festkleben!), dann transportieren Sie den Hund zum Tierarzt.

Verletzungen an Beinen und Schwanz

Symptome: Wenn kein Knochen gebrochen ist (→ Seite 38), äußern sich Verletzungen meist als blutende Wunden.
Das ist zu tun: Starke Blutungen versorgen Sie wie auf Seite 22 beschrieben. Bei allen anderen lokalisieren Sie die blutende Stelle genau und schneiden die Haare im betroffenen Bereich möglichst kurz ab. Danach spülen (nicht reiben) Sie die Wunde mit klarem (abgekochtem und lauwarmem) Wasser oder physiologischer Kochsalzlösung aus und desinfizieren sie. Kleine Steinchen und Ähnliches entfernen Sie vorsichtig mit einer Pinzette. Dann tragen Sie eine

> **TIPP**
> **VERBRENNUNGSGRADE**
>
> **Grad 1:** gerötete, schmerzende Haut
> **Grad 2a:** gerötete, schmerzende Haut, Blasen mit rotem Blasengrund
> **Grad 2b:** tiefe Verbrennung, weißer Blasengrund, nicht schmerzhaft, Haarausfall
> **Grad 3:** schwerste Hautschäden, Haarverlust, keine Schmerzen

Wundsalbe (etwa Bepanthen®) auf. Halten Sie die Wunde immer sauber und verhindern Sie, dass Ihr Hund daran kratzt oder leckt. Falls er dennoch an der Wunde leckt, legen Sie eine sterile Wundkompresse auf, wickeln eine elastische Binde darum und kleben diese fest. Der Verband darf jedoch nur so fest angelegt werden, dass er die Durchblutung nicht behindert. Sie sollten noch ungefähr einen Finger darunterschieben können. Damit der Verband nicht verrutscht, können Sie ihn zusätzlich auch am Fell festkleben.
Wie Sie einen Pfotenverband anlegen, sehen Sie auf Seite 24.
Wichtig: Alle Wunden, die größer als 2 cm sind, die tief ins Gewebe reichen oder stark klaffen, sollten vom Tierarzt versorgt werden. Dies sollte so früh wie möglich geschehen, weil nur frische Wunden genäht werden können. Auch fest eingespießte Fremdkörper sollte der Tierarzt entfernen.

> *Um Gift auf der Haut abzuspülen, ziehen Sie zu Ihrem Schutz Handschuhe an.*

Verletzungen an Brust und Bauch

Symptome: Verletzungen in diesem Bereich können nur die Haut und die Muskulatur betreffen oder schwerwiegender sein, weil die Brust- oder Bauchhöhle eröffnet ist.
Das ist zu tun: Wunden in der Haut und Muskulatur versorgen Sie wie unter »Verletzungen an Beinen und Schwanz« (→ Seite 43) beschrieben. Um den Verband zu fixieren, wickeln Sie ihn straff um Bauch oder Brustkorb, es müssen jedoch noch ca. 2 Finger darunterpassen. Kleben Sie ihn dann am Fell fest. Wechseln Sie Verbände regelmäßig. Zum Schutz des Verbands können Sie Ihrem Hund einen Body überziehen. Ist die Brust- oder Bauchhöhle eröffnet, legen Sie den Hund auf seine unverletzte Seite und schneiden zunächst behutsam die Haare weg. Dann legen Sie vorsichtig eine sterile Kompresse locker auf die Wunde und fixieren sie leicht mit Leukoplast am Fell. Fahren Sie den Hund sofort zum Tierarzt.

Vergiftungen

Gifte können durch Verschlucken, Einatmen, über die Haut oder durch Einstechen aufgenommen werden. Da es viele Arten von Giften gibt, die die unterschiedlichsten Symptome verursachen, die dosisabhängig

> **TIPP**
> **GIFTIGE STOFFE FÜR HUNDE**
> ➤ Schokolade
> ➤ Zwiebeln ab einer bestimmten Menge
> ➤ nicht genau dosierte Medikamente
> ➤ Medikamente für Menschen
> ➤ Pflanzenschutzmittel und Insektizide, auch auf pflanzlicher Basis

auch variieren können, sollten Sie bei Vergiftungsverdacht möglichst schnell Ihren Tierarzt aufsuchen. Selbst wenn die Symptome nicht die Folgen einer Vergiftung sind, müssen sie tierärztlich geklärt und behandelt werden.

Symptome: Es gibt keine allgemeingültigen Vergiftungssymptome; abhängig vom Gift können auftreten (häufig) Erbrechen, Durchfall, zentralnervöse Störungen, Hautprobleme.

Das ist zu tun: Grundsätzlich müssen Sie den Hund unter Beachtung Ihrer eigenen Sicherheit aus der gefährlichen Situation bringen (etwa bei einer Rauchvergiftung). Überprüfen Sie dann seinen Gesamtzustand nach dem ABC-Schema (→ ab Seite 17) und treffen die entsprechenden Maßnahmen. Je nach Art des Giftes gehen Sie dann entsprechend vor:

➤ Gift auf der Haut: Ist der Hund bei Bewusstsein und stabil, können Sie das Gift mit klarem Wasser abspülen. Tragen Sie dazu Gummihandschuhe, und hindern Sie Ihren Hund am Ablecken. Danach können Sie das Fell noch shampoonieren. Rufen Sie anschließend Ihren Tierarzt an.
Wichtig: Bei Verätzungen nur abspülen, nicht shampoonieren!

➤ Der Hund hat das Gift gefressen: Suchen Sie so schnell wie möglich Ihren Tierarzt auf. Nehmen Sie alles mit, was Hinweis geben kann auf die Art des Giftes, wie Beipackzettel, Verpackung, bei giftigen Pflanzen, die Sie nicht kennen, Pflanzenteile (sicher verpackt). Versuchen Sie nicht, beim Hund Erbrechen auszulösen. Geben Sie ihm nichts zu fressen, auch weder Milch noch Öl oder Salzwasser. Dies könnte die Symptomatik noch verschlimmern.

REGISTER

Halbfett gesetzte Seitenzahlen verweisen auf Abbildungen.

A ABC-Maßnahmen 18
Allergien 31
Atemfrequenz 12, 13
Atemnot 31, 42
Atemwege frei machen 17, **19**
Atmung kontrollieren 14
Augenverband 32
Augenverletzungen 32

B Bauch, Verletzungen 44
Beatmung 14, 18, **19**
Bein schienen 38
Beine, Verletzungen 43
Bewusstlosigkeit 27, **29**
Bisswunden 32
Blutung abdrücken 22
Blutungen 22, 25, 28, 32, 43
Blutvergiftung 32
Brust, Verletzungen an der 44
Brustkorb, Kompression des 19

D Druckverband anlegen 22, **23**
Durchblutung feststellen 14

E Epilepsie 39
Erfrierungen 33
Erstickungsanfälle 37
Ertrinken **34**, 35

F Fieber 12, 13, 35
Fieber messen **12**, 13
Fremdkörper 18, 35
– im Auge 32
– in den Atemwegen 35

H Halskragen **41**
Hausapotheke 10, 11
Hautverfärbungen 34, 43

Hautwunden 44
Herz-Kreislauf-Problem 15
Herzfrequenz 12, 13
Herzmassage 14, 20, **21**
– mit Beatmung 20
Herzschlag **12**, 13
Herzstillstand 20
Hitzschlag 13, 35, 36, **37**
Hornhautreflex 15
Hund tragen 26, **27**

I Insektenstiche 31, 36, **37**
– im Rachen 37

K Knochenbruch 38
Körperwerte 12
Krallenverletzungen 39
Krampfanfälle 39
Kreislauf 14, 20
Kreislaufproblem 15
Kreislaufversagen, akutes 21

L Lagerung, Hinweise zur **27**
Lidreflex 15

M Magendrehung 40
Maulkorb 7, **9**
Medikamentengabe **11**, 31

N Narkose 35
Normalwerte 12, 13
Notfallmaßnahmen 17
Notfall-Medikamente 11
Notfall-Nummern 7
Notfall, Verhalten im 6
Notfälle 5, **28**
–, akute 31–45

O Ohrenverband 40
Ohrverletzung 40

P Penisvorfall 40
Pfotenverband **24, 25, 39**
Prellung 39

Pulsfrequenz 12, 13, **13**
Pupillarreflex 15

R Reflexe 14, 15
Rekapillarisationszeit 14, **14**, 15, 20

S Schlangenbiss 40, 41
Schleimhäute 14
–, blasse 35
–, bläuliche 15
–, helle 15
–, hochrote 35
Schleimhautfarbe 14
Schnauzenband 7, 8, **9**
Schock 13, 14, 15, 21, 31, 42
–, allergischer 37
– erkennen 20
–, Phasen eines 22
Schwanz, Verletzungen 43
Sonnenstich 36
Stromschlag 43

T Tierarzt, Transport zum 21, 26
Todeszeichen 22

U Unterkühlung 13, 33
Untertemperatur 34

V Verätzungen 45
Verbände anlegen 24
Verbrennungen 43
Verbrennungsgrade 43
Vergiftungen 15, 45
Verrenkung 39
Verstauchung 39

W Wiederbelebung 17
Wirbelsäulenverletzung 26
Wunde abbinden 23
Wunde, blutende 43

Z Zwischenzehenreflex 15

Adressen

Die Inhalte dieses Buches beziehen sich auf die Bestimmungen des deutschen Tier- bzw. Artenschutzes. In anderen Ländern können die Angaben abweichend sein. Erkundigen Sie sich daher im Zweifelsfall bei Ihrem Zoofachhändler oder bei der entsprechenden Behörde.

ADRESSEN

Verbände/Vereine zur Hundegesundheit

Hier erhalten Sie Adressen von Tierarztpraxen, die mit Naturheilverfahren arbeiten:
- Gesellschaft für ganzheitliche Tiermedizin e. V. (GGTM), Mooswaldstr. 7, D-79227 Schallstadt, +49 7664 403638 10 www.ggtm.de

Über das Online-Tierärzteverzeichnis des BPT finden Sie Tierärzte in Ihrer Nähe:
- Bundesverband praktizierender Tierärzte e. V. (BPT), www.smile-tierliebe.de

Weitere Adressen zur Hundegesundheit:
- Kooperation deutscher Tierheilpraktiker-Verbände e. V., Geschäftsstelle: Dietenhauserstr. 9, D-83623 Lochen, www.kooperation-thp.de
- Deutsche Homöopathie-Union, DHU-Arzeimittel GmbH & Co. KG, Ottostr. 24, D-76227 Karlsruhe, www.dhu.de

Hundeverbände/-vereine

Anschriften von Hundeclubs und -vereinen können Sie bei den im Folgenden genannten Verbänden erfragen:
- Fédération Cynologique Internationale (FCI), Place Albert 1er, 13, B-6530 Thuin, www.fci.be
- Verband für das Deutsche Hundewesen e. V. (VDH), Westfalendamm 174, D-44141 Dortmund, www.vdh.de
- Österreichischer Kynologenverband (ÖKV), Siegfried-Marcus-Str. 7, A-2362 Biedermannsdorf, www.oekv.at
- Schweizerische Kynologische Gesellschaft (SKG/SCS), Brunnmattstr. 24, CH-3007 Bern, www.skg.ch

Krankenversicherungen
- AGILA Haustierversicherung AG, Breite Str. 6–8, D-30159 Hannover, www.agila.de
- Allianz, Königinstraße 28, D-80802 München, www.katzeundhund.allianz.de
- Uelzener Versicherungen, PF 2163, D-29511 Uelzen, www.uelzener.de
- Puntobiz GmbH, Immendorfer Str. 1, D-50354 Hürth, www.tierversicherung.biz

Registrierung von Hunden

Damit Sie Ihren Hund besser wiederfinden, wenn er weggelaufen ist oder gestohlen wurde, können Sie ihn hier registrieren lassen:
- TASSO e. V., Abt. Haustierzentralregister, D-65784 Hattersheim, Tel. 06190/937300, www.tasso.net
- Internationale Zentrale Tierregistrierung (IFTA), Nördliche Ringstr.10, D-91126 Schwabach, Tel. 00800/43820000 (kostenlos), www.tierregistrierung.de

IMPRESSUM

Giftpflanzen
Informationen über giftige Pflanzen erhalten Sie unter:
➤ www.giftpflanzen.ch
➤ www.botanikus.de

BÜCHER
➤ Fischer, E.: Quickfinder Homöopathie für Hunde. Gräfe und Unzer Verlag, München
➤ Fischer, E.: Homöopathie für Hunde. Gräfe und Unzer Verlag, München
➤ Kübler, H.: Quickfinder Hundekrankheiten. Gräfe und Unzer Verlag, München

WICHTIGER HINWEIS

Alle Angaben in diesem Buch erfolgen nach bestem Wissen und Gewissen. Sorgfalt bei der Umsetzung ist jedoch dennoch geboten. Auch sind im medizinischen Bereich Erkenntnisse einem ständigen Wandel unterworfen. Der Verlag und die Autorin übernehmen daher keinerlei Haftung für Personen-, Sach- oder Vermögensschäden, die aus der Anwendung der vorgestellten Methoden entstehen können.

DIE AUTORIN
Dr. med. vet. Elke Fischer ist auf Kleintiere und Reptilien spezialisiert. Sie führt die Zusatzbezeichnung Homöopathie und verfügt über weitere Zusatzausbildungen in Akupunktur, Bach-Blüten, Tierverhaltenstherapie, Veterinärphysiotherapie und Osteopathie. Sie ist weiterhin aktiv in der Aus- und Weiterbildung von Tierärzten und Tierärztinnen im Bereich Homöopathie und schreibt Artikel zu diesem Thema in Fachzeitschriften.

DIE FOTOGRAFEN
Arco-Images/Wegner: 28-1, 29-2, 45; **Biosphoto:** 41-2; **O. Giel:** U2, 2, 3-1, 3-2, 3-3, 4, 7, 9-1, 9-2, 11-1, 11-2, 12-1, 12-2, 13, 14-1, 14-2, 14-3, 16, 19-1, 19-2, 21, 23-1, 23-2, 24-1, 24-2, 25, 27-1, 27-2, 29-1, 30, 33, 37-1, 37-2, 38, 41-1, 44, U4-1; **C. Herl:** 42; **Juniors Bildarchiv/Schanz:** 15; **Juniors Bildarchiv/Steimer:** 39; **C. Steimer:** 34, U4-3; **WILDLIFE/Kirk:** 28-2; **Zoonar:** U4-2

Syndication:
www.jalag-syndication.de

IMPRESSUM
© 2013 GRÄFE UND UNZER VERLAG GmbH, München. Alle Rechte vorbehalten. Nachdruck, auch auszugsweise, sowie Verbreitung durch Bild, Funk, Fernsehen und Internet, durch fotomechanische Wiedergabe, Tonträger und Datenverarbeitungssysteme jeder Art nur mit schriftlicher Genehmigung des Verlages.

Projektleitung: Heidrun Patzak, Regina Denk
Lektorat: Angelika Lang
Bildredaktion: Waltraud Flöter, Petra Ender (Cover)
Umschlaggestaltung und Layout: H. Bornemann Design, München
Satz: Uhl+Massopust, Aalen
Produktion: Miriam-Jana Eberwein
Repro: Longo AG, Bozen
Druck und Bindung: Druckhaus Kaufmann, Lahr

ISBN 978-3-8338-3306-9
1. Auflage 2013

GRÄFE UND UNZER

Ein Unternehmen der
GANSKE VERLAGSGRUPPE